KB139384

국 민

백 성

CONTENTS

**2
PART**

국민에게 묻고
국민이 답하다

**3
PART**

우리는 왜 너희를
찍을 수 없었나?

01 [계파 갈등] 밥그릇 싸움, 지긋지긋해!

02 [불통] 어딜 봐? 국민을 봐야지!

4 PART 문제는 우리 안에 있어!

자승자박(自繩自縛)

당내 경선 참가자 인터뷰
새누리당 경선, 무엇이 문제였나?

5 PART 전문가들의 날카로운 돌직구

* '국민백서'는 표적집단면접조사(국민 FGI), SNS 국민여론조사수렴, 당 출입기자단 설문조사, 사무처 내부평가, 당내 경선 후보자 인터뷰, 분야별 전문가 서면 인터뷰 등을 통한 조사 결과 및 답변을 토대로 정리, 집필되었습니다.

* '국민백서'는 국민의 목소리를 보다 생생하게 전달하기 위해 구어체를 그대로 사용하였으며, 국어 문법과 어법, 표기 등의 수정을 최소화하였습니다.

'국민백서'는
국민이 주신 반성의 나침반

이제 새누리당이 무엇을 하고
어떻게 바뀔지 국민에게 답할 차례다.

크고 작은 선거들을 치르며 때로는 이기기도 하고 지기도 하며 새누리당의 역사는 계속되어 왔다. 특히 최근 10년 천막당사 시절 이후 적어도 큰 흐름에서는 국민의 버림보다는 국민의 선택 속에 새누리당은 존재해 왔다.

하지만 2016년 4월 13일 저녁이 되어서야 우리는 그 큰 흐름이 바뀌었다는 것을 깨달았다. '도대체 무슨 일이 일어난 거야?' '뭐가 잘못된 거지?' 우리는 자신의 눈을 믿지 못했다.

뭐가 잘못됐는지 차근차근 짚어봐야 했다. 다 생각해 내야만 했다. 어디서부터 잘못되었는지 복기해서, 그래서 다시는 그 탄핵 이후 천막당사 같은 일을 겪지 않기 위해서, 또 다시 버림받지 않기 위해 필사적으로 일어서야 했다. 백서는 그래서 꼭 필요했다.

그러나 모두의 마음이 같은 것은 아니었다. '니 때문에 졌다' '아니다 너 때문에 진 거다' '누구 때문에 진 게 뭐가 중요해' '과거 따위 따져서 뭐해' 이런 상황에서 패배 원인을 되짚는 백서를 우리 손으로 쓸 수는 없었다. '너는 어느 쪽이냐?'라는 프레임에서 누구도 자유로울 수 없었기 때문이었다. 니 탓을 하는 사람과 너 탓을 하는 사람들이 각각의 백서를 쓸 기세라고 해도 과연

이 아니었다.

    그러면서 우리는 또 한바탕 집안싸움으로 한 달여의 시간을 보냈다. 2016년 5월 총선을 치른다면, 우리는 더 많은 의석을 잃을 것 같기도 했다. 국민 앞에서 잠깐 단체로 고개를 숙이기도 했지만, 문밖을 나서면 민낯을 가릴 수가 없었다. '저 지경이 돼도 정신 못 차린다'라는 비아냥 속에 또 아까운 시간이 흘러갔다. 선거참패 때보다 더 속상하고 부끄러운 시간들이었다.

    그래서 묻기로 했다. 투표용지에 새누리당을 찍지 않았던 국민을 직접 찾아가 그 진심을 듣기로 했다. 정확하게는, 일반 국민 FGI를 통해 지난번 대선에서는 새누리당을 찍었는데 이번에는 그러지 않은 분들에게 물었다. '뭘 잘못했냐고, 왜 떠나갔냐고, 우리가 무얼 고치면 다시 돌아올 거냐고.' 국민은 분노했지만 우리의 물음을 외면하지 않았다. 백서를 제작하는 과정에서 희망도 느꼈다. 미움보다 더 무서운 건 무관심이라고 했는데, 우리가 묻는 말에 가끔 눈을 흘기고 손가락질을 하면서도 시간을 내어 답을 해주었기 때문이다. 페이스북을 하는 사람들, 당 출입기자단, 외부 전문가들의 말씀도 귀담아 들었다. '내가 너희를 찍을 수 없었던 이유는…' 주시는 말씀들을 받아 적었다. 그대로 옮겨 정리했다. 그래서 '국민백서'다.

"나는 아직 사과받지 못했다"

4·13 총선 이후 얼마간의 시간이 지난 뒤 인터뷰한 모 드라마작가의 말이다. 국민은 새누리당이 잘못했다고 크게 야단을 쳤는데, 새누리당은 무엇을 잘못했는지 입을 꾹 다물고 반성하지 않는다는 것이었다. 어떻게 고치겠다고 아무도 대답하지 않는다는 것이다.

'국민백서'는 새누리당에게 국민이 주신 반성의 나침반이다. 20대 총선 과정은 물론, 지난 10여 년간 새누리당이 해온 잘못의 기록이다. 이제 새누리당이 무엇을 하고 어떻게 바뀔지 국민에게 답할 차례다.

PART

1

새누리당은 □□□□다

새누리당의
민낯을 공개한다

충격적인 패배였다. 지난 10년간 이어온 승리에 취해 국민의 마음을 헤아리지 못한 무감각, 해오던 대로 해도 당연히 국민의 지지를 받을 것이라는 안일함과 오만함, 국민의 마음을 불편하게 한 선거 과정의 사건들이 참패의 원인으로 떠올랐다.

새누리당은 이러한 참패의 원인을 보다 철저하게 분석하고 국민의 진심을 가슴에 담아 국민이 원하는 정치, 새누리당이 나아가야 할 방향을 정하기 위해 '국민백서'를 제작하기로 했다.

20대 총선의 반성문이자 결의문인 '국민백서'의 첫 장에는 결코 아름답지 않은 새누리당의 민낯을 공개한다. 20대 총선 기간 중 국민의 눈에 비친 새누리당의 모습을 통해 보다 명확하게 현실을 인식하기 위해서다.

국민의 생각, 국민 사이에서 오가는 말, 인터넷과 모바일 세상에서의 평가, 신문·방송 등 언론 매체를 통해 비친 새누리당의 모습은 각양각색이었다. 총선 패배의 책임이 누구 한 명, 어느 한쪽에 있는 것이 아니라 총체적 난국에서 비롯된 것임을 절실히 느낄 수 있었다. 20대 총선 기간 동안 새누리당이 국민의 거울에 어떻게 비쳤는지 살펴보자.

THINK

　　국민은 새누리당에 대해 어떻게 생각하고 있을까? 생각은 행동을 지배하고, 행동은 습관을 만든다. 유권자의 지지 철회는 투표장에서 결정된 것이 아니라 오랜 기간 거듭된 고민이 행동으로 표출된 것이다. 그 생각이 바뀌지 않는다면 앞으로 유권자는 더 적극적인 행동으로 새누리당에 등을 돌릴 것이다.

　　백서 출간에 앞서 진행된 FGI*와 SNS 위원회**의 활동을 통해 국민의 머릿속을 들여다보았다. 새누리당과 연관된 키워드 중 가장 많은 답변을 차지한 것은 '대통령'과 '청와대'였다.

　　또한 이번 선거 기간에 일어난 공천 문제, 친박·비박의 계파 갈등, 유승민 의원, 김무성 대표 등이 새누리당의 연관어로 꼽혔다. 그 외에도 서민 정책 실패와 위안부 합의 및 역사 교과서 국정화를 새누리당 관련 키워드로 기억하는 국민도 있었다. 새누리당의 이미지에 대해서는 오만하고 진실되지 못하다는 부정적인 답변이 많았다.

---

*FGI: 표적집단면접조사. 2016년 5월 말 시행. 수도권 지역 남녀 유권자와 PK 지역 남성 유권자 대상 총 6개 그룹(수도권 20~30대 남성, 수도권 20~30대 여성, 수도권 40~50대 남성, 수도권 40~50대 여성, PK 지역 30~44세 남성, PK 지역 45~59세 남성)으로 진행.
**SNS 위원회: 새누리당 사무처 신입 당직자를 주축으로 국민여론수렴위원회 구성. 5월 16일부터 1주일에 걸쳐 '국민 여러분께 묻습니다! 우리는 왜 너희를 찍을 수 없었나?'란 주제로 국민 여론 수렴 진행.

[새누리당 하면 떠오르는 이미지]

—

男

가장 왕성한 사회활동을 하는 세대, 20대부터 50대까지의 남성들은 새누리당과 관련한 질문에 공천 파동을 제외하고는 주로 당내 주요 인물들을 많이 언급했다.

가장 많이 나온 키워드는 '대통령'이었다. 이들은 새누리당과 대통령을 동일시하는 경향도 눈에 띄었다. 공천 갈등의 주인공인 김무성 대표, 유승민 의원이 뒤를 이었다. 두 사람 역시 계파 갈등, 공천 파동 등 여러 이슈에 빠짐 없이 등장하면서 새누리당 하면 떠오르는 얼굴로 거론되었다.

새누리당의 부정적인 이미지는 정책 문제에서 가장 두드러졌다. 서민 계층이 가장 피부로 느끼는 경제 위기와 세금 인상, 청년 취업 문제의 책임이 집권 여당인 새누리당에 있다는 의견이 많았다. 특히 연말정산 및 담뱃값 인상으로 인해 직접적인 피해를 보았다는 의견이 많았으며, 20대의 경우 취업난에 대한 언급이 많았다. 역사 교과서 국정화와 위안부 합의 문제에 대해서는 대체로 부정적이었다. 또 누리과정 논란에 대해서는 세대를 가리지 않고 비판적인 의견이 많았다.

김무성

대통령

유승민

공천 갈등

경제
위기

세금
인상

역사 교과서
국정화

청년
취업

누리과정
논란

위안부 합의

男

자료 출처 〈20대 총선 민심 파악을 위한 FGI〉
2016. 미디어리서치
표본 집단 20~50대 수도권 거주 남성

[새누리당 하면 떠오르는 이미지]

女

여성들도 새누리당의 대표 이미지를 '대통령'으로 꼽았다. 남성들과 마찬가지로 대통령과 새누리당을 동일시하는 경향을 보였다.

여성들은 남성들과 달리 총선 과정에서 일어난 여러 가지 문제의 원인이 특정 인물보다 당 구조에 있다는 의견을 보였다. 공천 갈등의 경우 김무성 대표, 유승민 의원 등 '인물'이 사건 발단의 원인이라기보다 당내 기득권 차지를 위한 '집단' 간 문제로 인식했다.

대통령의 대선 공약은 대부분 '파기' '거짓' 등의 부정적 단어와 함께 언급됐다. 복지 정책, 누리과정 등은 좋은 공약으로 지지했는데 제대로 이루어지지 않아 실망감이 컸다고 밝혔다.

여성의 경우 남성에 비해 세대별(2030세대, 4050세대)로 다소 인식 차이를 보였다. 세월호 사건의 경우 2030세대는 사건 자체에 대한 슬픔 등 감정적인 의견이 많았고, 4050세대는 정부·여당의 위기 대처 능력을 비판했다. 위안부 합의나 역사 교과서 국정화 문제도 세대별로 인식 차이를 보였다.

경제 위기

대통령

공약 실패

공천 갈등

복지 정책

누리과정 논란

세월호 사건

세금 인상

위안부 합의

역사 교과서 국정화

女

자료 출처 〈20대 총선 민심 파악을 위한 FGI〉
2016, 미디어리서치
표본 집단 20~50대 수도권 거주 여성

WORDS

　　국민은 새누리당을 어떻게 부를까? 우리가 살고 있는 세상과 사회를 어떻게 표현할까? 생각한 대로 되는 것보다 말하는 대로 되는 것이 더 많다고 할 만큼 말은 중요한 도구다. 입 밖으로 나온 말은 공기 속으로 흩어지지만 날카로운 비수가 되어 가슴에 꽂히기도 하고, 앙금으로 남아 대대손손 전해지기도 한다. 특히 21세기는 말의 힘이 지배하는 스마트파워 시대다.

　　그런 면에서 국민이 새누리당을 지칭하는 말이나 이 시대와 사회를 표현하는 단어들을 유심히 살펴볼 필요가 있다. 말에는 국민의 생각과 삶이 그대로 투영되기 때문이다. 또 불만이 쌓이고 비판의 강도가 높아질수록, 언어는 점점 더 과격해지고 희화화되기 마련이다.

　　20대 총선을 거치면서 이런 현상은 더욱 심해졌다. 새누리당을 지칭하는 별명은 기존에 당명을 이용한 별명과 함께 '자폐, 좀비, 앵그리' 등 직접적인 표현이 많이 사용됐다. 공천 파동과 관련해 계파 갈등을 희화화한 '친박용어사전' 등도 새롭게 등장했다. 먹고살기 힘든 현실을 토로한 표현도 많아졌고, '지옥, 실신, 포기, 곤충' 등 직접적이고 과격한 단어를 포함한 신조어들도 쏟아지고 있다.

[새누리당의 별명]

[개누리당]

　　접두사 [개-] '개-'의 사전적 의미는 이렇다. '야생 상태의' 또는 '질이 떨어지는' '헛된' '쓸데없는' '정도가 심한'이란 다양한 뜻을 내포하고 있다. 예문으로는 개꿀, 개떡, 개꿈, 개수작, 개망나니 등 의미는 차이가 있지만 어감은 하나같이 좋지 않다.

　　새누리당을 지칭하는 별명 중 하나가 접두사 [개-] 와 결합된 '개누리당'이다. 실제 쓰이는 의미 또한 앞의 예시와 같이 부정적이다.

연관어 [개저씨]

　　개와 아저씨의 합성어로 주로 여성이나 약자에게 갑질하는 중년 남성을 비하하는 신조어다. 약자 앞에서는 군림하고, 강자에게는 굽신하는 특징이 있다. 젊은층들이 새누리당의 나이 든 의원을 지칭하는 말로 쓰이기도 한다. 비슷한 말로 '꼰대'가 있다.

[새 : 누리 : 당]

　　2012년 새누리당으로 당명을 교체했다. 새누리에서 '새'는 '새로운'을 의미하고 '누리'는 '세상'의 순우리말이다. 말 그대로 '국민을 위한 새로운 세상을 만들겠다'는 의지를 당명 교체로 표명한 것이다.

　　그런데 국민은 '누리다'라는 동사형을 연상시켜 비꼬는 의미에서 '~누리당'이라는 별명을 쏟아냈다. '~누리당'으로 검색했을 때 나오는 연관 검색어를 보면 성누리당, 색누리당, 똥누리당 등이 있다. 또한 '~당'이란 어미를 이용해 새가슴당, 새머리당, 또나왔당 등 부정적 의미의 별명도 만들어냈다.

[자폐정당 – 좀비정당]

　　선거가 끝난 뒤 조선일보 논설주간이 낸 칼럼을 통해 지어진 별명이다. 칼럼은 "사망 원인이 자폐증인 권력이 좀비까지 돼 세상과 동떨어진 행동을 계속하면 나라가 불행해진다"며 새누리당의 총선 전후 행태에 대해 맹비난했다.

[앵그리버드당]

　　국민은 'Bird', 'Angry'는 '화났다'는 뜻으로 풀이해 국민을 화나게 하는 당, 화가 난 국민을 가라앉히기 위해 노력하는 정당 등으로 다양하게 풀이된다.

[친박용어사전]

　　대통령에 대한 충성도를 등급화하는 '친박용어사전'. 하루가 다르게 추가되는 친박 용어 때문에 누리꾼들이 직접 만든 '개정판'이 나올 정도다. 총선을 앞두고 나온 대통령의 '진실한 사람들' 발언 덕분에 재개정판, 재재개정판까지 등장했다. 금은보화를 꿈꾸며 박 타기에 여념이 없는 흥부와 놀부를 빗대어 '新 흥부전'이라고 하거나, '박이 날아든다, 온갖 잡박이 날아든다~'라는 노래에 비유해 '박타령'이라고 말하기도 한다.

**끊임없이 진화하는
친박용어사전**

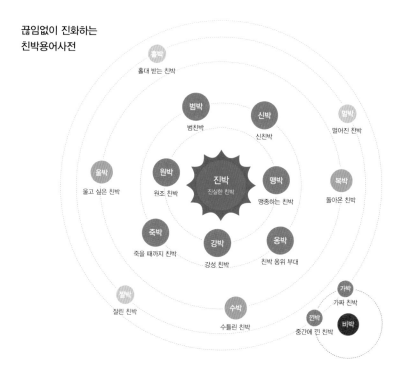

[국민이 생각하는 우리 시대상]

—

[헬조선]

지옥이란 뜻의 접두어 헬(Hell)에 조선(朝鮮)을 붙인 합성어로, '마치 지옥 같은 한국'이라는 뜻으로 쓰인다. 이는 신분사회였던 조선처럼 자산이나 소득 수준에 따라 신분이 고착화되는 우리 사회의 부조리함을 반영한 것으로, '지옥불반도'나 '망(亡)한민국'도 헬조선과 비슷한 뜻으로 쓰이고 있다.

[금수저–흙수저]

금수저는 부모가 재력이 충분해 특별히 노력하지 않아도 풍족하게 사는 자녀들을 지칭한다. 흙수저는 이와 반대로 부모에게 경제적 지원을 받지 못하는, 또한 아무리 노력해도 금수저가 될 수 없는 청년 세대를 아우르는 말이다. '한국판 카스트제도'라는 표현도 있다.

[청년실신시대]

청년이 '실업자' 아니면 '신용불량자'인 현실을 풍자한 신조어다. 일자리가 없어 취업하지 못해 학자금 대출을 갚지 못하는 20대가 급증하고, 실제 청년실업률 역시 15년 만에 최고치를 기록하면서 점점 '실신의 시대'가 현실화되고 있다.

[삼포세대-오포세대]

어려운 경제 여건 때문에 연애·결혼은 물론 출산을 포기한 젊은 세대들을 가리키는 말이 바로 삼포(三抛)세대다. 2011년 경향신문의 한 기사를 통해 처음 사용되기 시작했는데, 2016년에는 내 집 마련과 인간관계가 추가된 '오포세대'로 업그레이드됐다.

[맘충, 노인충, 흡연충]

특정 계층, 집단을 벌레(蟲)로 낮춰 부르는 혐오 표현이 한국 사회를 뒤덮고 있다. 맘충(Mom蟲)은 공공장소에서 시끄러운 자녀들을 돌보지 않는, 자기 자식만 우선시하는 엄마들을 뜻하고, 노인충은 새치기, 자리 강요, 고성의 대화 등 민폐를 끼치는 노인들을 칭한다. 흡연충은 도로에서 걸어 다니며 흡연하는 사람을 비하하는 단어. 문제는 이 같은 신조어가 표현에만 머무르고 있지 않다는 점이다. 특별한 문제가 없는 행동에도 'OO충'이란 표현을 써가며 극단적인 혐오 및 비방과 명예훼손의 기폭제 역할을 하고 있다.

[노오력]

노력보다 더 큰 노력을 하라는 말이다. 보수층에서 청년들에게 '너희가 지금 힘든 건 시스템이나 사회의 문제가 아니라 노력이 부족해서다. 노력을 제대로 했으면 충분히 가능하다'라는 주장을 하는 기사에 '노력 불가능하면 노오력 했으면 됐겠네'라며 비아냥거린 댓글에서 유래했다.

ON-LINE

언제 어디서든 검색이나 SNS 게시물을 통해 정보를 접하고, 수백·수천의 사람에게 순식간에 게시물 내용을 '퍼 나를 수 있는' 온라인 세상. 하지만 온라인에서 '새누리당'을 검색하면 우호적인 시각보다 비판적인 견해가 담긴 글이 많다. 특히 이번 총선 기간에 인스타그램(Instagram), 트위터(twitter), 페이스북(Facebook), 유튜브(Youtube) 등의 게시물과 댓글들에서는 패러디와 부정적인 의견이 넘쳐났다.

이번 총선에서 2040세대의 투표율은 높았던 데 반해 새누리당에 대한 지지율은 낮았다. 이들이 새누리당에 왜 반감을 갖는지 원인을 찾고자 한다면 2040세대의 주활동 무대인 온라인 세상을 살펴봐야 한다. 패러디와 사진, 댓글 안에 국민의 생각이 들어 있다.

[국민의 시선으로 만든 패러디]

　　'패러디(parody)'는 단순히 다른 예술 작품이나 인물을 흉내내거나 모방하는 것이 아니라 그 작품이 안고 있는 문제점을 대중에 알리는 것이 목적이다. 그렇기 때문에 모방의 대상은 주로 그 시대의 강자 혹은 강한 집단을 다루게 된다. 그런 면에서 대통령과 새누리당은 가장 많은 패러디를 양산해 왔다. 특히, 20대 총선에서는 비판의 매체로 패러디가 적극 활용되었다.

20대 총선에서는 새누리당 공천 과정에서 생긴 내부 갈등을 비판하는 내용이
가장 많았다. 그중에서도 이한구 공관위원장을 희화화한 내용이 주를 이뤘다.

총선 당시 유승민 의원 딸이 언론에 공개되자 온라인에서는 유 후보가 사위 공천권만은 행사할 수 있다며 새누리당의 공천 행태를 비꼬는 패러디물이 등장하기도 했다.

총선 당시 김무성 대표의 옥새 파동을 비꼰 패러디물. 영화 '황해'를 패러디한 '안해', 인기 게임 '쿠키런'을 패러디한 '옥새런', 영화 '창문 넘어 도망친 100세 노인'을 패러디한 '옥새 들고 도망친 66세 무성'.

자료: 온라인 커뮤니티

[꿈보다 해몽이 좋은 사진]

———

온라인에서 패러디만큼이나 많이 쓰이는 비판의 방식이 바로 '사진'이다. 단순한 사진이지만 제목을 어떻게 붙이느냐에 따라 그 의미가 달라지기 때문이다. 다음 사진들은 언론사 기사에 삽입된 사진이지만 포털 사이트 및 SNS에서 새로운 제목으로 올라온 게시물이다. 작성자가 새롭게 단 제목으로 다른 내용의 사진처럼 보이기도 한다.

수건돌리기가 끝이 안 나네
총선 전 공천관리위원회가 파국을 향해 치닫는 상황이다. 이한구 공관위원장과 황진하 사무총장의 표정이 심각하지만, 제목 덕분에 수건돌리기 놀이 중 빈자리를 찾는 듯한 표정으로 보인다.

아저씨, 좀 전에 안철수라 했어요?
김무성 대표가 이준석 후보의 총선 지원 유세에 나선 사진이다. 이 후보를 업어
준 사진이지만, 유세 중 "안철수를 선택해 달라"는 말실수를 한 것에 대한 벌칙
수행으로 희화화됐다.

집에 일찍 가고 싶은 사람 손들어!
새누리당 공식 로고송 '픽미(Pick me)'의 안무를 따라 하는 후보들. 제목 덕분에
선생님이 던진 질문에 서로 먼저 손을 들고 응답하려는 듯한 모습으로 보인다.

아스팔트에 껌이 왜 이렇게 많지
총선 일주일 전, 새누리당 대구 지역 출마 후보들이 무릎을 꿇고 국민에게 사과하
는 모습. 제목 덕분에 아스팔트에 붙은 껌을 제거하는 작업으로 놀림을 받았다.

술이 안 깨서 출근할까 말까 고민 중이다
김무성 대표의 '옥새 파동' 당시의 사진. 영도대교 위에서 고뇌에 빠진 김 대표의
표정을 숙취의 괴로움으로 표현했다.

아아 웃고 있어도 눈물이 난다, 그대 나의 사랑아~

서울 여의도 당사에서 20대 총선 대구 · 경북 지역 공천 신청자 면접을 실시하는 가운데 공천 면접을 기다리는 유승민 의원의 표정에서 복잡한 심경이 엿보인다.

오늘따라 고음이 잘 안 올라가네

유세에 나선 최경환 의원의 표정이 일그러지는 찰나를 포착한 사진. 마치 노래방에서 고음을 내기 위해 노력하는 모습으로 보인다.

자료: 국내 주요 일간지

[민심이 보이는 SNS 댓글]

SNS는 사건을 가장 빠르게 접할 수 있는 매체이니만큼 국민의 반응도 실시간이다. 이름이나 얼굴이 노출되지 않는 익명성으로 인해 어느 매체보다도 솔직하고 적나라한 의견이 표출되기도 한다. 국민의 진심을 제대로 파악할 수 있는 공간인 셈이다. 최근에는 댓글이 달리는 숫자와 추천 여부, 공유 개수가 여론의 향방을 좌우할 만큼 중요해지고 있다.

 Hm XX 선거운동 기간 중에 더민주 후보보다 노력이 부족하여 안타까워 보였음. 곳곳에 야당 운동원이 출퇴근길에 머리를 조아리고 있는데, 이곳 여당 후보는 보이지 않거나 해도 홍보가 부족했어요…. 뭘 믿고 앉아서 당선되려고 했는지요?

 송XX 이제 '새누리'는 끝내고 앞으로 '헌누리'로 개명하심이…
👍 1 · 3월 7일 오전 10:20

 문XX 선거 패배의 이유. O박 O박 O박 O박 O박

Jae Hyung XX 아니 그러니까 어떻게 하겠다고?? 10년 정권 잡아놓구선 다음에 뽑아주면 그때 할께요 뭐 이런 거야?? 국민은 관심에도 없으면서.. 이런 홍보물 만들 시간에 대책이나 좀 내놔보쇼

임XX 새누리 표를 얻지 못한 결정적 원인은 담뱃값 인상이다 하루 한 갑 피우는 사람이 일년에 내는 세금이 72만원 개인소득세 기준으로 수입을 어느 정도 올려야 72만원의 세금을 낼까 애꿎은 서민주머니 털기 정책을 시행한 잘못이다...

이XX 쑈하지 마라 진짜 ㅋㅋㅋ
👍 1 · 4월 7일 오후 6:58

Byunghwan XX 수요일까지만 국민이 갑이겠지?
👍 1 · 4월 7일 오후 7:15

박XX 죄졌냐?ㅋㅋㅋㅋㅋㅋㅋ 진짜 표정에서부터 하기 싫다는 티 팍팍 내주시네
4월 7일 오후 7:26 · 수정됨

김XX 나는 당신들의 모습이 더 답답합니다 절 한 번 해서 구케의원 될 수 있다면 얼마나 좋아요 잘했으면 좋겠네요

박XX "진정 국민 눈 높이에..." 예 그렇지요, 말씀에 진정으로 공감합니다 부디 국민을 우습게 보고 대하는 그러한 자세 버리십시오 국민을 주인으로 모시고 섬기는 머슴의 자세로 임하여 주십시오 구케의원에서 국회의원으로 봉사하시기를 진심으로 소원합니다

심XX 계파갈등 그만하고!! 민생 먼저!! 포퓰리즘 공약 이제 그만!! 오만하지 않고! 겸손한 새누리당 됐으면 합니다

이XX 당내간의 계파갈등 → 공천기득권갈등 → 민심신경X, 국민 무시, 얕보기 → 총선에 안일한 태도 → 큰절 → 총선참패 → 책임론 분쟁 → 계파갈등 무한루트!

Jhpark XX 말로는 뭘 못하겠습니까.. 이렇게 많은 분들이 댓글 다는 이유는 그만큼 새누리당에 대한 애착과 지지하는 분들이 대다수라고 봅니다. 비판의 소리도 귀담아 듣고 국민과 소통하고 현 이 상황이 진정 잘못하고 있다 반성한다면 당 내부에서 말고 외부에 훌륭한 분들 많지 않습니까..

김XX 정당은 정책으로 말합니다 정당에 있어 혁신이란 좋은 정책을 만들기 위한 혁신이어야 합니다 지금까지 정책을 어떻게 만들었나요? 사회에는 사회 문제의 해결방법을 연구한 전문가들이 있습니다 누가 그런 전문가인지 귀를 열고 찾아 보세요 그리고 그런 이들을 불러 그들의 건의를 새누리당 의원들과 함께 들어보세요 모르면 물어보시고 질문하세요 해결방안이 없는 것이 아니라 찾지 않기에 보이지 않을 따름입니다 그게 소통이겠지요 전문가들을 불러 정책 토론회를 정기적으로 여러 분야에 걸쳐 개최하십시오 그리고 그 자리에 기자들을 불러 취재하게 하고 보도하도록 하십시오

Charles XX 지켜보겠습니다 반성하겠습니다 라고 하신 것을 지켜보겠습니다 여기에 또 계파싸움나면 새누리당 지지자들이 기대할 수가 없다는 것 대실망한다는 것 명심해주세요

PRESS

최근 인터넷이나 모바일이 정보 전달의 중요한 통로가 되고 있지만 여전히 많은 국민이 TV나 신문, 잡지 등의 매체를 통해 정치 관련 뉴스를 접한다. 방송이나 보도의 경향에 따라 정치적 문제를 바라보는 시각이 달라지고 여론이 형성되기도 한다. 시사 채널, 신문 사설, 만평을 통해 세상이 돌아가는 판세를 읽는 것이다.

최근에 두드러진 경향은 정치 관련 이슈가 '정보'의 단계를 넘어 스포츠·오락 같은 흥미 위주로 변화하고 있다는 점이다. 정치 뉴스 또한 소비자인 대중에게 관심을 끌 만한 상품 가치가 있어야만 살아남기 때문이다. 특히 종합편성채널이 생기면서 이러한 경향은 두드러지고 있다. 한 가지 문제를 보다 다양한 각도에서 조명한다는 점에서 시청자들의 알 권리를 충족시키지만, 보도의 기본 원칙을 넘어 예측과 상상력까지 총동원된 구성이나 원색적인 표현이 오가는 점은 개선해야 한다는 지적도 나오고 있다.

이번 20대 총선 과정도 마찬가지였다. 새누리당 입장에서는 공천 단계부터 우여곡절과 사건·사고가 많았는데, 그 과정이 실시간으로 보도되면서 국민의 심기를 더욱 불편하게 했다. 언론에 비친 새누리당의 모습을 통해 국민의 시각과 생각이 어떠했는지 짐작할 수 있다.

[공천 갈등, 엉터리 여론조사를 실시간으로 보도한 방송]

―

　　방송은 국민이 가장 손쉽게 정치 관련 뉴스를 접할 수 있는 매체다. 방송 3사는 뉴스와 시사 프로그램 등을 통해 총선 뉴스를 제공했다. 2011년 12월 방송을 시작한 종합편성채널(이하 종편)은 등장 이후 매년 보도 영향력을 키우고 있다. 일부 종편의 경우 거의 하루 종일 뉴스와 시사 프로그램을 편성해 방영하기도 한다.

　　20대 총선에서도 방송 3사에 종편까지 더해져 시사 정치 프로그램이 그야말로 홍수를 이루었다. 국민은 방송을 통해 새누리당의 공천 갈등 모습을 여과없이 실시간으로 접하면서 피로감이 가중되었다고 밝혔다. 또한 새누리당이 압승할 것이라는 여론조사 결과를 접하며, 야당 쪽으로 마음을 기울이게 됐다는 의견도 많았다.

"대통령 사진 반납하라" vs "못 한다"

새누리당에 '안철수 신당' 꽃놀이패 vs 골칫거리?

이한구 당시 공관위원장이
깔끔하게 결정했으면 문제없었을 것

유승민 탈당·· 무소속 출마

코미디 같은 '100% 국민 여론조사' 공방

'공천 제동 vs 반박'···김무성·이한구 충돌

'엇갈린 주장' 김무성 vs 정두언··· 후폭풍 어디까지?

바람몰이용 여론조작 '횡행'

자료: 국내 주요 방송사

[공천 논란으로 도배된 신문]

———

　국민이 정치 뉴스에 대해 합리적으로 판단하고 여론을 형성할 수 있는 토대가 되는 것이 바로 신문 사설과 칼럼이다. 이번 총선에서 가장 많이 등장한 단골손님은 바로 새누리당이다. 공천 갈등 등에 대해서는 언론사의 성향과 상관없이 칭찬보다는 비판이 주를 이루었다.

　한 컷 혹은 네 컷의 그림으로 완성되는 만평에서도 새누리당의 갈등과 당·청 관계 등이 적나라하게 표현되었다.

자료: 국내 주요 일간지

중앙일보

눈만 뜨면 공천싸움 새누리당, 표 달라고 할 수 있나

朝鮮日報

대통령 눈 밖 난 유승민 탈당 몰아간 與는 公黨 자격 없다

후보 등록 마지막날까지 공천 싸움 벌이는 집권여당

한겨레

[사설] 대통령의 용렬함, 이한구의 비겁함

경향신문

"전관예우로 예산 끌어오겠다"는 최경환, 재정신인가

東亞日報

김무성-친박 야합으로 미봉한 보수여당의 공천內戰

자료: 국내 주요 일간지

POLL

　　20대 총선의 충격적인 결과에 대한 원인을 찾기 위해 언론 및 리서치 조사기관에서는 20대 국회와 새누리당에 대한 다양한 주제의 설문조사에 나섰다. 새누리당에 투표하지 않은 이유, 대통령에 대한 평가, 기대되는 정당, 20대 국회에서 가장 시급히 해결해야 할 문제 등 각계각층을 향한 다양한 질문이 던져졌다.

　　조사 결과를 살펴보면 야당을 선택한 이유에 대해 '현 정부 및 여당에 대한 불만으로 인한 심판'이 가장 많은 답변을 차지했다. 이어 대통령의 직무 수행 능력에 대해서는 90% 이상이 '잘못하고 있다'고 말했다.

　　가장 기대되는 정당으로 국민의당이 더민주당을 제치고 근소한 차이로 1등을 거머쥐었다. 새누리당이 3위에 그친 것도 놀랍지만 '텃밭'으로 불리는 PK 지역에서도 꼴찌를 기록한 점은 눈여겨봐야 할 대목이다. 또한 국민 4명 중 3명은 20대 국회의 정책 방향이 '경제'를 중심으로 이뤄져야 한다고 말했다.

　　20대 총선은 끝났지만 새누리당의 패배는 끝나지 않았다. 이러한 국민의 마음을 수습하지 않는다면 더 큰 패배가 기다리고 있을지도 모른다.

새누리당을 지지하지 않은 이유는?

언론들은 20대 총선 결과의 원인 중 하나로 '앵그리 보터(angry voter)' 즉 성난 20대 투표자들을 꼽았다. 이번 총선의 세대별 투표율을 보면 2030세대는 평균 10% 이상 상승했지만, 4050세대의 투표율은 오히려 감소했다.

가장 큰 폭으로 투표율이 상승한 20대 153명을 대상으로 지난 4월 15~16일 진행된 설문조사에서 먼저 야당에 투표한 이유를 물었더니 '현 정부·여당에 대한 심판(39.2%)'이 가장 많은 응답을 차지했다. '후보자 경쟁력(31.4%)'과 '제3 정당의 필요성(7.8%)'이 그 뒤를 이었다. 특히 20대의 경우 분노투표 성향이 도드라졌다. 대통령의 직무 수행에 대해선 '잘못하고 있다'는 답변이 95.4%나 됐다. '잘하고 있다'는 평가는 3.3%에 불과했다. 이유로는 '독단적인 국정 운영(47.1%)' '경제 정책 실패(15.7%)' '공약 불이행(9.8%)' 등을 꼽았다.

20대 총선, 야당에 투표한 이유

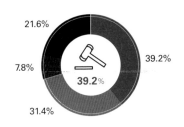

21.6%
7.8%
39.2%
39.2%
31.4%

1위   현 정부·여당에 대한 심판 39.2%
2위   후보자 경쟁력 31.4%
3위   제3 정당의 필요성 7.8%
4위   기타 21.6%

대통령 직무 수행에 대한 평가

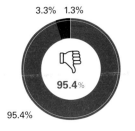

3.3%   1.3%
95.4%
95.4%

1위   잘못하고 있다 95.4%
2위   잘하고 있다 3.3%
3위   무응답 1.3%

자료: 중앙일보

QUESTION 2
앞으로 가장 기대되는 정당은?

     '20대 국회에서 가장 기대되는 정당은?'이란 질문에 국민의당이 36.9%로 가장 많은 선택을 받았다. 지난 4월 15~16일 전국의 성인남녀 1,020명을 대상으로 설문조사를 한 결과 1위는 국민의당이, 2위는 30.2%를 얻은 더민주당이 차지했고, 새누리당은 17.7%로 다소 큰 격차를 보이며 3위를 기록하는 데 그쳤다. 특히 정당 지지율에서 2위를 기록한 국민의당은 부산 · 경남(PK), 대구 · 경북(TK), 강원권을 제외한 모든 지역에서 가장 기대되는 정당으로 꼽혔다. 서울에서는 그 격차가 더 커져 국민의당(37%), 더민주당(35.7%), 새누리당(11.4%) 순서였고, 인천 · 경기에서는 국민의당(37.3%), 더민주당(31.5%), 새누리당(17.7%) 순이었다.

     PK 지역에서는 더민주당이 돌풍을 일으키며 33.2%로 1위를 차지했다. 국민의당은 30.2%, 새누리당은 18.1%로 꼴찌였다. 새누리당은 텃밭을 모두 내주고 TK에서만 간신히 36.5%를 차지했다. 그러나 여기에서도 국민의당 29.5%, 더민주당 25.4%로 타 지역에 비해 큰 차이를 벌리지 못했다.

20대 국회, 가장 기대되는 정당은?

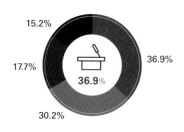

15.2%
17.7%
36.9%
36.9%
30.2%

1위	국민의당	36.9%
2위	더민주당	30.2%
3위	새누리당	17.7%
4위	기타	15.2%

자료: 매일경제 · 한길리서치

QUESTION 3

20대 국회에 바란다

우리 국민 4명 중 3명은 20대 국회가 가장 먼저 챙겨야 할 현안으로 '경제 분야'를 꼽았다. 지난 6월 초 전국의 성인남녀 1,008명을 대상으로 시행된 설문조사에서 '제20대 국회가 어떤 분야에 가장 큰 비중을 두기를 원하는가?'라는 질문에 76%가 경제 분야를 선택했다.

사회·문화(14.0%), 정치(6.0%), 통일·외교·안보(4.0%) 등 경제 외 기타 응답은 불과 24%밖에 되지 않았다. 대다수 국민이 새 국회가 경제 현안에 먼저 관심을 가져달라고 요청한 셈이다. 경제정책으로는 일자리 창출이 38.4%로 가장 많았다. 이어 ▶물가 안정(20.2%) ▶경제 성장(14.8%) ▶경제민주화(9.3%) ▶복지 확대(8.9%) ▶부동산 활성화(4.7%) ▶가계부채 연착륙(3.7%) 순으로 조사됐다.

국민의 정책 방향 우선순위	경제 분야 우선순위
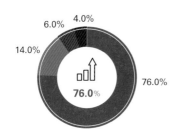	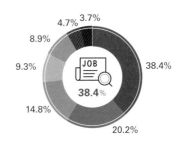

	국민의 정책 방향 우선순위		경제 분야 우선순위
1위	경제 76.0%	1위	일자리 창출 38.4%
2위	사회·문화 14.0%	2위	물가 안정 20.2%
3위	정치 6.0%	3위	경제 성장 14.8%
4위	통일·외교·안보 4.0%	4위	경제민주화 9.3%
		5위	복지 확대 8.9%
		6위	부동산 활성화 4.7%
		7위	가계부채 연착륙 3.7%

자료: 현대경제연구원

당신은 새누리당을 어떻게 생각하십니까?

꼴통
친재벌
TK · PK
강남불패
청와대 거수기
친박–비박–진박
총선 패배
공천 갈등

"새누리당은 [　　　　　] 다."

원칙주의
보수정당
서민정책
균형
역사 전통
여당
유일 보수
대변자
리더

자료: 국민 FGI, SNS 위원회 데이터 분석 결과

PART

2

국민에게 묻고
국민이 답하다

국민은
답을 알고 있다

'20대 총선 개표 결과 새누리당은 지역구 105석, 비례대표 17석으로 총 122석 확보. 과반 실패로 16년 만에 여소야대 정국'.

예상치 못한 결과 앞에 새누리당은 말 그대로 '멘붕'에 빠졌다. 선거 초반 180석을 기대할 만큼 자신만만했고, 여론조사에서도 줄곧 우위를 차지했으며, 야권 분열의 호재까지 얻은 상황이다 보니 너나 할 것 없이 승리의 예감에 도취되었던 것이다.

하지만 막상 뚜껑이 열리자 결과는 예상외로 새누리당의 대참패였고, 내부에서는 원인을 밝혀야 한다는 움직임이 거세게 일었다. 무엇보다 이번 총선 결과는 정부와 여당에 대한 국민의 심판이자 질책이라는 데 뜻이 모아졌다.

새누리당은 이런 결과가 나올 수밖에 없었던 정확한 원인을 찾아내고, 새로운 모습으로 환골탈태하고자 '당'의 시선이 아닌 '국민'의 시선에 집중하기로 했다. 그 첫 번째 과정이 바로 '국민이 만드는 백서' 제작이다.

'국민백서'는 국민의 생생한 목소리와 사회 각계각층 전문가들의 의견을 통해 새누리당이 직면한 문제는 무엇인지 진단하고, 이를 바탕으로 국민이 바라는 정당으로 혁신하는 방법을 담아내는 책이다.

먼저 국민의 목소리를 가감 없이 듣고자 다양한 방법의 조사 및 인터뷰를 실시했다. '묻고 찾아가는 백서'를 표방하며 표적집단면접조사(FGI)와 SNS 국민여론수렴을 통해 다양한 지역, 연령, 성별의 국민으로부터 신랄한 의견을 수집했다.

외부 전문가의 쓴소리에도 귀를 기울였다. 정책·공약, 국정현안, 홍보, 전략, 여론조사 등 분야별 전문가로부터 날카로운 비판의 목소리를 들었다. 전문가들은 총선 참패의 원인을 세세하게 짚어냄과 동시에 새누리당이 나아가야 할 길에 대한 의견을 제시했다.

새누리당 안팎의 소식을 전하며 여론을 형성하고, 객관적인 입장에서 정치현안을 분석하는 당 출입기자단의 속내도 알아봤다. 숨 가쁘게 돌아가는 정치 현장을 어떻게 바라보고 있는지, 새누리당이 현재 처한 위기가 어느 정도인지, 이번 총선에 가장 부정적인 영향을 미친 사건은 무엇인지 냉철하고 객관적인 답변을 들었다.

그 외에도 사무처 당직자들의 무기명 평가와 당내 경선 후보자 인터뷰를 통해 안으로부터 문제의식을 공유했다.

국민의 목소리를 들을 수 있었던 생생한 현장을 공개한다.

국민 FGI

"

대선 땐 지지했지만,
이번엔 도저히 찍을 수 없었다

"

2016년 5월 말 일주일에 걸쳐 표적집단면접조사(국민 FGI)가 진행되었다. 여론조사 전문 업체인 밀워드브라운 미디어리서치가 수도권 남녀 유권자와 PK 지역(부산 · 경남 · 울산) 남성 유권자를 총 6개 그룹(수도권 20~30대 남성, 수도권 20~30대 여성, 수도권 40~50대 남성, 수도권 40~50대 여성, PK 지역 30~44세 남성, PK 지역 45~59세 남성)으로 나눠 그룹별 심도 있는 조사를 진행했다. 주요 내용은 4 · 13 총선 평가, 새누리당 평가, 주요 정책 평가, 향후 당 · 청 관계에 대한 의견, 내년 대선 전망 등이다.

수도권과 PK 지역은 이번 총선에서 새누리당이 예상외로(?) 완패한 곳이다. 당초 수도권은 여야 간 박빙의 대결이 예상됐지만 새누리당 참패로 나타났다. '강남 불패' 신화가 깨졌다. 8개 의석이 걸린 강남 3구(강남 · 서초 · 송파)에서도 3곳을 내주었다. 기대했던 종로마저 패배했다. 특히 새누리

당의 전통적인 텃밭인 PK 지역은 13석을 내놓게 되었다.

이런 결과를 배경으로 이번 FGI에서는 수도권과 PK를 조사 대상 지역으로 정하고, 해당 지역에 거주하는 다양한 연령층과 직업을 가진 조사인원을 모집했다.

국민 FGI에 참여한 대상자들은 지난 대선 때 새누리당, 즉 대통령을 지지했지만 이번 4·13 총선에서 타당에 투표했거나 투표를 포기한 사람들이다. 대상자 선정 단계에서부터 여야 고정 지지층은 제외하고, 이번 총선에서 새누리당 지지를 철회한 사람들로 엄선했다. 2012년 12월 대선에서 새누리당에 소중한 한 표를 행사했던 이들은 지난 3년 4개월간 어떤 일로 인해 지지를 철회하게 된 걸까? 다음 선거에서도 새누리당을 선택하지 않을까? 이들의 마음을 되찾기 위해서는 어떤 변화가 필요할까?

국민 FGI에서는 이러한 국민의 마음을 알아보는 데 주력했다. 그룹별로 2시간 넘게 걸린 FGI는 구체적인 사용 목적을 밝히지 않고 진행되었다. 말 그대로 국민의 진짜 마음을 알아보기 위해서였다. 인터뷰가 진행되면서 참가자들은 정부·여당에 대한 실망감을 허심탄회하게 털어놓았다.

지역별(수도권, PK), 연령별(20~50대), 성별(남성, 여성)에 따라 각기 진행된 FGI의 과정을 소개한다.

GROUP 1
수도권 20 ~ 30대 남성

직종	학생 / 직장인 / 무직자
개인적 관심사	누리과정 예산 / 묻지마 살인 등의 사회 이슈
정치 분야 관심사	선거철 동향 / 임을 위한 행진곡 제창 여부
총선 투표 고려사항	정당
총선 과정 중 기억에 남는 이슈	새누리당 공천
새누리당 지지 철회 시기	공천 과정 실망 / 누적된 실망 / 세월호 사건 이후 / 역사 교과서 국정화 이슈
과거 대선 박근혜 후보 투표 이유	인물의 경쟁력(여성, 박정희 향수, 안보관 등) / 복지, 경제, 교육 등 공약 및 정책에 호감

새누리당이 패배한 이유는?

· 청와대 책임이자 새누리당 책임이다. 계파 갈등도 한몫했다.
· 야권이 분열되면서 야권 지지자들이 오히려 더 뭉쳐야 한다는 의식이 강해진 것 같다. 새누리당에 대한 거부감 때문에 야당이 반사이익 효과를 얻었다.
· 가계부채는 급등하고 경제 지표가 나아지는 것이 없다. 실업률, 물가 등도 마찬가지다. 담뱃값을 올릴 때부터 실망이 컸다.

GROUP 2
수도권 20 ~ 30대 여성

직종	학생 / 직장인 / 주부 / 무직자
개인적 관심사	보육비 / 묻지마 살인 / 동성혼 인정 여부 논란
정치 분야 관심사	김무성 대표 / 사법시험 폐지 여부 / 입법 과정
총선 투표 고려사항	정당
총선 과정 중 기억에 남는 이슈	김무성 대표 실언, 친박 · 비박 갈등
새누리당 지지 철회 시기	세월호 사건 이후 / 누적된 실망
과거 대선 박근혜 후보 투표 이유	인물의 경쟁력(여성, 따뜻함 등) / 경제 성장 기대감 / 부모님 정치 성향에 영향을 받음

새누리당이 패배한 이유는?

· 크게는 세월호 사건과 메르스 사태를 거쳐 누리과정 논란, 위안부 합의, 담뱃값 등
  세금 인상 문제를 지켜보면서 청와대가 무능하다고 느꼈다.
· 친박과 비박 등 계파 갈등의 책임도 청와대에 있다고 본다.
· 야당은 새로운 인사를 영입한 것도 그렇고, 마케팅 측면에서도 바뀔 수 있다는
  희망을 보여준 것 같다.
· 서민이 느끼는 물가상승률은 훨씬 높고, 가계부채는 최고치를 찍고 있는 데 반해
  기업 규제라든가 법인세 인상은 지켜지지 않았다.

GROUP 3
수도권 40 ~ 50대 남성

직종	직장인 / 자영업 / 은퇴자
개인적 관심사	노후 보장 / 경제 / 자녀교육 / 청년 실업 / 취업
정치 분야 관심사	정당 동향 / 20대 국회 원구성 / 새누리당의 미래
총선 투표 고려사항	정당 / 정당과 인물 둘 다
총선 과정 중 기억에 남는 이슈	유승민 의원 이슈 / 기존 정치에 대한 불만
새누리당 지지 철회 시기	새누리당 공천 파동 이후 / 세월호 사건과 메르스 사태 이후 / 누적된 실망
과거 대선 박근혜 후보 투표 이유	인물의 경쟁력 (여성, 신뢰, 어려움 극복, 부모님 인맥, 투명성, 엄마 역할 등)

새누리당이 패배한 이유는?

· 청와대와 새누리당 모두에 책임이 있다. 건방진 모습만 비치니 여권을 혼내주자는 분위기가 많았다. 대통령의 총체적인 잘못이라고도 할 수 있다.

· 새누리당은 '3당 구도'에서 180석 이상을 얘기하는 등 교만하고 오만한 모습만 보인 반면 야권은 새로운 인물을 영입하고 홍보 전략에서도 앞섰다.

· 경제활성화법이나 서비스산업법, 노동개혁법 등과 관련해 대통령의 소통하는 모습이 보이지 않았다. 서민들은 살기가 더 어려워졌고, 공약 중에 제대로 지켜진 게 없다.

GROUP 4
수도권 40 ~ 50대 여성

직종	주부 / 파트타이머 / 직장인
개인적 관심사	경제 / 청년 실업 / 유치원 보육료 지원
정치 분야 관심사	나라 동향 / 국회법 개정 여부
총선 투표 고려사항	정당 / 인물
총선 과정 중 기억에 남는 이슈	정치 거물과 신인 후보의 대결
새누리당 지지 철회 시기	세월호 사건 이후 / 새누리당 공천 파동 이후
과거 대선 박근혜 후보 투표 이유	인물의 경쟁력(여성, 박정희 향수, 오랜 정치 경력과 경험, 주변 환경 등) / 보수정당 후보라는 점

새누리당이 패배한 이유는?

· 청와대도 잘못했고, 새누리당도 마찬가지다. 둘 다 꼴 보기 싫다.
  당 대표도 밀고 나가는 소신이 없었다.
· 새누리당에 배신감을 느낀 사람들이 국민의당으로 몰렸다.
  야권이 단일화하지 않은 것도 오히려 야당에 득이 됐다.
· 청년실업과 취업난은 심해지고, 경제발전은 더디고, 세금도 오르는 등 경제난이
  새누리당을 뽑지 않은 이유 중 하나였다.

GROUP 5
PK 30 ~ 44세 남성

직종	직장인 / 자영업 / 무직자
개인적 관심사	정치 / 교육
정치 분야 관심사	대선 / 여소야대 분위기 / 역사 교과서 국정화 여부
총선 투표 고려사항	정당
총선 과정 중 기억에 남는 이슈	공천 잡음
새누리당 지지 철회 시기	세월호 사건 이후 / 담뱃값 인상 이후 / 대통령의 대통합 노력이 안 보이기 시작하면서
과거 대선 박근혜 후보 투표 이유	인물의 경쟁력 / PK 지역정서 / 박정희 대통령 후광

새누리당이 패배한 이유는?

· 청와대와 새누리당의 갈등은 총체적인 문제로 봐야 한다. 대통령의 독단적인 통치 스타일은 국민에게 많은 실망을 안겼고, '180석+α' 발언은 분노를 일으킬 정도였다.
· 야당의 승리는 여당에 대한 비판론이 커지면서 반사이익을 얻은 것으로 보인다. 또한 변화를 원하는 유권자들의 의식이 반영된 것이다.
· 서민경제 정책도 실질적으로 와닿지 않는 것이 대부분이다.

GROUP 6
PK 45 ~ 59세 남성

직종	직장인 / 자영업 / 은퇴자
개인적 관심사	생계수단 / 자기 계발 / 노후 보장
정치 분야 관심사	김무성 대표 / 사법시험 폐지 여부 / 입법 과정
총선 투표 고려사항	대선 / 여소야대 분위기 / 친박 vs 비박
총선 과정 중 기억에 남는 이슈	새누리당의 가식적인 사죄
새누리당 지지 철회 시기	새누리당 공천 파동 이후
과거 대선 박근혜 후보 투표 이유	세월호 사건 이후 / 담뱃값 인상 이후 PK 지역정서 / 박정희 대통령에 대한 향수와 후광

새누리당이 패배한 이유는?

· 청와대 책임이 가장 크다. 계파 갈등만 불러일으켰고, 아부하는 의원들만 살아남았다.
  이번 총선 결과는 어찌 보면 국민의 '사랑의 매'가 아닐까 하는 생각도 든다.
· 국민의당 창당이 한편으론 다른 노선을 독자적으로 걷는다는 점에서 장점으로 보였다.
  국민의당이 머뭇거리지 않고 불리한 상황에서도 끝까지 지켜가는 모습이 강한 인상을 남겼다.
· 새로운 정권이 출범하면서 무엇보다 경제적인 면에 많은 기대를 걸었는데 성공하지 못했다.
  새누리당에 대한 실망도 이런 점에서 비롯됐다. 서민을 위하기보다는 부자들 위주의
  정책만을 내놓았다.

SNS 위원회

"

진짜 몰라서 묻는 건가?
알려는 주겠다

"

새누리당은 국민 FGI에 이어 국민의 목소리를 보다 가감 없이 실시간으로 듣고자 SNS를 활용한 국민 목소리 수집에 나섰다. 이에 따라 신입 사무처 당직자들이 주축이 되어 'SNS 국민여론수렴위원회(이하 위원회)'를 구성했다. 올해 2월 공채를 거쳐 새누리당 사무처에 입사한 7명의 직원이 머리를 맞댔다. 소통 채널은 기존 새누리당 SNS(페이스북)로 정했고, 당 페이스북에 3일간 '새누리당의 총선 참패 원인 및 나아가야 할 방향에 대한 의견을 듣는다'는 내용의 홍보문을 게시했다.

5월 16일(월)부터 22일(일)까지 '국민 여러분께 묻습니다! 우리는 왜 너희를 찍을 수 없었나?'란 주제 아래 국민 여론 수렴이 시작됐다. 일주일간 밤낮 구분 없이 국민의 의견이 쏟아졌다. '이런 걸 해봤자 무엇하느냐' '진짜

몰라서 묻느냐' 등의 따끔한 질책에서부터 '잘못한 점을 듣는다니 알려는 주 겠다' '무능과 불통, 공천 파동까지 셀 수 없을 만큼 많다'는 지적에 이어 '이렇 게 변해야 새누리당에 희망이 있다' '이런 점을 바로잡아야 국민의 마음을 돌 릴 수 있다'는 진심 어린 조언까지 한 문구도 흘려들을 수 없을 만큼 소중한 의견이었다.

이번 'SNS 국민여론수렴'은 전방위적인 홍보가 아닌 당 홈페이지와 당 SNS에 고지돼 새누리당 또는 정치에 관심 있는 사람들이 주로 참여했다. 성 별로는 여성보다 남성의 참여율이 높았다. 참여 시간대는 특정 시간에 몰리 지 않고 자유롭게 분산됐다.

가장 큰 관심은 '공천 갈등'과 '소통 부재'

각계각층의 다양한 의견이 수집됐지만 가장 많은 의견은 '공천 갈등'과 '소 통 부재'였다.

"공천 과정에서 국민을 무시한 계파 간 권력 싸움이 원인이었다."
"공천위와 당 대표의 무식한 공천, 지역 여론을 무시한 밥그릇 싸움!"
"집안싸움이 한창인데 밖에서 어떻게 이기려고 하나?"

이외에 '기득권을 위한 정치' '공약 불이행' '서민경제 파탄' '오만과 자 만심' '변화와 혁신 부족' 등 지난 대선 이후 정부 · 여당에 하나둘씩 쌓여온 불만이 SNS라는 자유로운 소통 매체를 통해 수면 위로 모습을 드러냈다.

SNS 위원회, 국민과 적극적 소통 위해 노력

　　서민 살리기와는 동떨어진 경제 정책, 국민 정서에 반하는 국정 운영, 불통의 리더십 등의 의견이 꼬리를 물다 결국 '무성이 나르샤' '진진박 감별사' 등 새누리당 계파 갈등의 정점인 공천 파동에 대한 비판으로 이어졌다. 언론을 통해 그 과정을 고스란히 지켜본 국민은 '지지 철회'라는 심판을 내렸다고 말했다.

　　국민의 솔직하면서도 날카로운 비판을 경청하며 위원회는 '진심을 담은 소통'을 실천하고자 했다.

　　"지나친 욕심"
　　"말씀 감사합니다. 어떤 점에서 지나친 욕심을 부렸다고 생각하셨나요?"
　　- 새누리당 답변

　　"아직도 멀었다. 지금처럼 계속 가면 새누리는 그냥 자멸한다."
　　"의견 감사합니다. 변화하는 모습 보이도록 노력하겠습니다."
　　- 새누리당 답변

　　"패배 이유를 모른다? 그러면 아직 국민이 뭘 원하는지 모르시는 거네요."
　　"원하시는 바가 무엇인지 말씀해 주시겠어요? 노력 또 노력하겠습니다!"
　　- 새누리당 답변

　　작은 시작이었지만 국민은 새누리당의 즉각적인 반응과 진심 어린 답변에 반신반의하면서도 차츰 더 깊은 목소리를 내주었다. 질책과 비판 속에서도 '이런 점을 개선하면 좋겠다' '앞으로 이런 모습을 보여줬으면 한다' 등 희망적인 댓글들도 달렸다.

"어~ 새누리도 댓글에 답해 주네. 그게 바로 소통입니다."

"저희의 노력을 알아봐 주셔서 감사합니다."

– 새누리당 답변

"반성하고 분석하는 모습은 멋집니다."

"감사합니다. 저희들의 노력을 알아봐 주시는 분들 덕분에 힘내고 있습니다. 앞으로도 많은 관심 부탁드립니다."

– 새누리당 답변

"이제라도 이렇게 국민 민심을 살피려는 노력을 하는 것도 개혁을 위한 첫걸음이라 할 수 있겠죠. 국민이 먼저 다가와 주길 기다리지 말고 국민에게 먼저 다가와 주세요."

"국민에게 먼저 다가갈 수 있도록 노력하겠습니다."

– 새누리당 답변

의견 분석 및 피드백 과정은?

4일간의 1차 SNS 국민여론수렴이 끝난 이후, 위원회는 1,500여 개의 댓글을 하나하나 분석해 주요 키워드를 추출했다.

공천   오만   계파   기득권   정책·공약   민심

그런 다음 이와 관련해 주요 현안에 대한 국민의 소중한 의견을 한차

례 더 듣고자 1차 여론 수렴에서 나타난 6개의 키워드를 주제로 '국민 여러분께 묻습니다! 우리는 왜 너희를 찍을 수 없었나?' 2탄을 기획했다.

　　5월 23일(월)부터 25일(수)까지 3일간 새누리당 SNS는 다시 한번 뜨겁게 달아올랐다. 주제가 세분화된 까닭에 1탄 때보다 좀 더 구체적이고 명확한 지적이 이어졌고, 새누리당이 앞으로 어떤 역할을 해야 하는지에 대한 충고의 댓글도 줄을 이었다.

　　"집권당이었을 때 더욱 강력하게 민생 법안을 추진하지 못한 모습이 아쉬웠습니다. 집권당답게 뚝심 있는 모습을 보여줬어야 했는데 매번 야당에 스스로 발목 잡힐 사안을 만들어 내더군요."

　　"오만함과 아직도 계속되는 계파 싸움. 이제는 질렸습니다. 제발 계파 싸움 좀 그만하세요."

　　"가장 실망스러웠던 건 국정교과서와 테러방지법이죠. 물론 청와대가 주도해 내놓은 정책이지만 입법부의 기능은 행정부의 나팔수가 아니지 않습니까? 국민이 불신할 만한 사건이 여러 번 발생한 기관에 오히려 힘을 실어주는 법안을 막지 못한 것은 국민이 보기에 매우 실망스러웠을 거라고 생각합니다. 국정교과서도 교과서의 어느 부분이 좌편향되어 있는지에 대해서조차 현황을 제대로 짚어내지 못했고요."

출입기자단 설문조사

"

언론이 모르게 싸우고
화해해야…

"

    당 출입기자는 매일 당사를 드나들며 당의 속살을 들여다보고 때론 고위 당직자들의 취재를 통해 솔직한 속내를 듣기도 한다. 새누리당은 이번 백서를 제작하면서 출입기자들의 냉철하고 객관적인 평가를 듣기로 했다.

    5월 12일(목)에서 16일(월)까지 5일간 새누리당 출입기자를 대상으로 구글독스와 이메일 회신을 통한 무기명·단답형 설문조사(조사 문항별 중복 응답 허용)가 진행됐다. 144명의 기자가 소중한 답변을 보내왔다.

    설문은 총 세 가지의 질문에 단답형으로 3개까지 답을 제시하는 것으로 진행됐다. 질문은 '새누리당이 20대 총선에서 참패한 원인은?' '향후 새누리당 혁신의 최우선 과제는?' '현 정부 출범 이후 선거 패배에 가장 부정적 영향을 미친 이슈는?'이었다.

　회신을 보내온 기자들의 답변은 각양각색이었다. 단답형으로 문제의 핵심을 짚은 답변에서부터 자세한 배경과 상황 설명을 곁들인 답변 등 다양한 의견이 모아졌다.

　새누리당 출입기자들이 밝힌 20대 총선 결과 설문 내용을 인포그래픽으로 구성해 봤다.

QUESTION 1
새누리당이 20대 총선에서 참패한 원인은?

응답수 208개

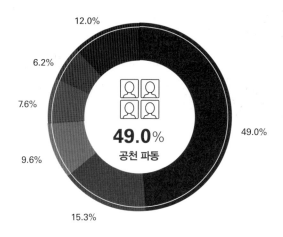

49.0%
공천 파동

12.0%
6.2%
7.6%
9.6%
15.3%
49.0%

1위 공천 파동 49.0%
2위 당·청 관계 15.3%
3위 경제 문제 9.6%
4위 대통령 7.6%
5위 국민의당 6.2%
6위 기타 12.0%

주요 기타 의견 • 계파 갈등 6.2%   • 잘못된 마케팅 2.8%   • 총선전략 부재 0.9%

향후 새누리당 혁신의 최우선 과제는 무엇인가?

응답수 173개

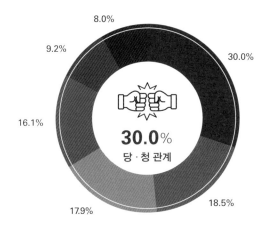

8.0%
9.2%
30.0%
16.1%
30.0%
당 · 청 관계
18.5%
17.9%

1위　당 · 청 관계 30.0%
2위　정책 변화 18.5%
3위　계파 청산 17.9%
4위　인재 영입 16.1%
5위　지도체제 개편 9.2%
6위　기타 8.0%

주요 기타 의견　• 미래인재 양성 2.3%　• 국민과 소통 1.1%　• 무소속 복당 1.1%

QUESTION 3
현 정부 출범 이후 발생한 이슈 중 선거 패배에 가장 부정적 영향을 미쳤다고 생각되는 것은?

응답수 222개

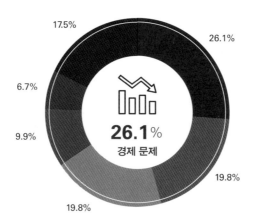

17.5%

26.1%

6.7%

9.9%

26.1%
경제 문제

19.8%

19.8%

1위	경제 문제	26.1%
2위	세월호 사건	19.8%
2위	역사 교과서 국정화	19.8%
4위	노동개혁	9.9%
5위	담뱃값 인상	6.7%
6위	기타	17.5%

주요 기타 의견   • 누리과정 5.4%   • 메르스 사태 4.5%

사무처 내부 평가

"

최악의 의사결정시스템이
공조직을 붕괴시켰다

"

내부에 고인 물이 있다는 건 누가 제일 잘 알까? 갈라진 빈틈은 어디에서 가장 먼저 관찰될까? 바로 내부자들이다. 실패의 원인이 무엇인지, 올바른 방향으로 되돌리기 위해서는 어떤 부분을 개선해야 하는지 가장 잘 알고 있는 사람들이 내부에서 일하는 사람들이다. 새누리당은 백서 제작과 관련해 다양한 외부 의견을 경청함과 동시에 '우리 문제를 우리 스스로' 냉정하게 판단해 보는 자성의 기회를 갖기로 했다.

사무처 내부평가는 중앙당 및 시·도당 사무처 당직자를 대상으로 5월 17일(화)부터 23일(월)까지 총 7일간 진행됐다. 각 국·실의 총선 관련 기본 자료를 인트라넷에 먼저 게시한 후 구글독스, 이메일, 의견함, 인트라넷 익명게시판 등을 통해 무기명으로 답변을 취합했다.

조사는 크게 두 가지 질문에 자유롭게 답변하는 것으로 진행됐다. '새누리당이 이번 총선에서 참패한 원인은?' '새누리당 사무처와 공조직(각종 위

원회)이 선거 준비 과정과 선거 기간 중에 가장 잘못한 일은?'의 두 가지 질문이 제시됐다. 국민 FGI, SNS 위원회, 출입기자단 설문조사에서 불거졌던 이슈들이 다시 한 번 제기되었고, 내부 시선으로 재해석되었다. 공천 파동으로 인한 선거 전략 부재 및 컨트롤타워 부재, 수직적 당·청 관계로 인한 국민소통 부족 등이 주요 원인으로 지적되었다.

새누리당 사무처 당직자들이 밝힌 20대 총선 실패의 이유는 무엇일까? 그 결과를 인포그래픽으로 구성해 봤다.

QUESTION 1

새누리당은 이번 총선에서 122의석으로 원내 2당이 되었다.
새누리당이 이번 총선에서 참패한 원인은 무엇인가?

1위
공천 과정에서의 계파 갈등

2위	국민과의 소통 부재
3위	정책 부재 (공약, 비전 포함)
4위	야권 분열에 기댄 안일한 선거 준비
5위	홍보 실패
6위	상향식 공천
7위	청년 대상 메시지 및 대안 제시 부재
8위	기타 (오만한 이미지, 19대 국회 의정활동 실패 등)

새누리당 사무처와 공조직(각종 위원회)이 선거 준비 과정과 선거 기간 중에 가장 잘못한 일은 무엇인가?

1위
공관위의 행태 및 공천 전반

2위   대표 공약 부재 및 홍보 실패
3위   사무처의 적극적 기획 및 행동 부족
4위   직능 등 조직 구성 자체의 문제 및 조직 비활성화
5위   비효율적 의사결정 구조 및 집단지도체제
6위   업무 떠넘기기 및 업무 편중
7위   여론조사 맹신

전문가 인터뷰

"
대통령 눈치는 그만,
강도 높은 개혁이 필요하다
"

이번 새누리당의 총선 참패는 비단 한두 분야의 부족함 때문은 아니었다. 앞서 거론된 것처럼 전략, 여론조사, 홍보, 공약, 국정 운영 이슈 등 여러 분야의 허점이 20대 총선을 기점으로 드러난 것이다. 단순히 총선을 준비하는 몇 개월 동안 벌어진 빈틈이 아닌 오랜 시간에 걸친 정책 실패와 내부 분열의 참담한 결과였다.

국가적인 사건을 처리하면서 국민에게 안긴 큰 실망, 설득하려는 노력 없이 주요 사안을 밀어붙이기만 하는 일방통행, 국민의 대표가 아닌 청와대 거수기를 뽑는 듯한 국회의원 선거… 이런 과정이 반복되면서 새누리당은 '오만' '불통' '무능'의 대명사로 전락하고 말았다.

새누리당은 각계각층의 의견을 들어보는 여러 경로 중 하나로 분야별 전문가 서면 인터뷰를 기획했다. 각 분야 전문가들의 시선을 통해 문제점을 좀 더 심도 있게 분석하고 대안을 청취하고자 했다. 전문가 그룹인 만큼 분야별 질문 내용도 세심하게 마련됐다.

전문가들은 총선 참패의 원인을 보다 다각적이고 거시적인 관점에서 분석했다. 공천 파동이나 소위 친박, 비박계 갈등은 표면적인 이유며, 더 근본적인 원인은 새누리당이 사회적 변화에 따른 새로운 정책 방향을 제시하지 못한 데 있다고 진단했다. 집권 여당의 내부 분열은 지지층까지 불안하게 만들었고, 혼돈스러운 국정 운영에 쓴소리는커녕 거수기 역할을 하는 모습은 국민의 분노를 사기에 충분했다는 것이다.

전문가들은 앞으로 새누리당이 국민의 신뢰를 다시 얻기 위해서는 철저한 자기반성과 함께 강도 높은 개혁이 필요하다고 덧붙였다. 무엇보다 정확한 현실 진단을 바탕으로 미래에 대한 구상을 내놓고 새로운 어젠다를 발굴하는 것이 절실하다고 강조했다.

국민의 편이 되기 위해
새누리당은 어떻게 변화해야 하나?

전략

"가장 큰 과제는 당내 친박 · 비박 갈등을 해소하는 것이다. 또 세대적으로
젊은 정치의 가능성을 보여주어야 한다."
"강도 높은 개혁 필요… 당은 대통령 눈치 보는 일 그만해야 한다."

여론조사

"여론조사 활용한 공천이 선거 참패의 원인 중 하나…
여론조사 방법론 개발, 연구를 위해 정당도 투자해야 한다."
"ARS는 정보로서의 가치를 인정받기는 어려운 조사 방법… 정당과 언론은
조사의 질을 판단할 수 있는 역량을 갖춰야 한다."

홍보

"진정한 홍보는 '쇼잉'보다 본질에 대해 고민하는 것…
어느 한 사람이 좌우할 수 없는 시스템을 구축해야 한다."
"주목도 제고보다 어젠다를 던지는 커뮤니케이션이 중요, 새누리당이 지켜야 할
가치가 무엇인지를 먼저 고민해야 한다."

정책 및 공약

"대선은 총선과 공약부터 달라,
국민의 능동적 참여가 담보되고 제시돼야 한다."
"서민과 청년의 고통에 둔감했다.
공약 이전에 정책의 개념과 가치를 제대로 마케팅해야 한다."

국정 운영 이슈

"차기 집권 구도에만 골몰했던 선거,
현실 진단과 미래 구상 제시가 전혀 없었다."
"주도적 국정 운영 위해 새로운 어젠다 발굴해야…
지역주의, 북풍, 질서 유지, 반공, 안보 등의 어젠다로는 안 된다."

당내 경선 후보자 인터뷰

"

공천?
투명하지도, 정확하지도 않았다!

"

　　이번 총선을 치르면서 연일 신문 1면과 뉴스 첫 화면을 장식한 것은 새누리당의 공천 파동이었다. '이런 사람이 새누리당 후보로 나오는구나~'라는 기대감은 일찌감치 물 건너갔고, '또 저 사람이야?' '안 봐도 훤하다' '저 사람이 결국 자리 하나 꿰찼네' '집권 여당에서 이렇게 인물이 없나?'라는 말이 여기저기서 터져나왔다.

　　밀실 공천, 진박 감별사, 청와대 낙점설 등 온갖 추측이 난무한 가운데 새누리당은 자칭 개혁의 한 부분으로 상향식 공천을 최초 도입했다. 누구든지 지역에서 열심히 활동하고 헌신하면 새누리당 국회의원 후보가 될 수 있다는 의미를 담아 진정한 풀뿌리 민주주의를 만들어 보자는 의도였다. 그러나 '정치사의 혁명'을 기대했던 상향식 공천은 실제 운영에서 여러 가지 문제점을 드러냈다.

새누리당은 상향식 공천을 도입하면서 '공천권을 국민에게' 돌려줄 것을 외쳤다. 지도부나 특정 계파가 주도해온 공천권을 국민에게 부여하겠다는 뜻이었다. 청년·여성·장애인·신인 후보에게 10~20%의 가산점을 주고, 결선투표제도 도입했다. 현역 국회의원의 영향력을 줄이기 위해 당원 대신 일반인 참여 비율을 대폭 확대했다.

하지만 실제 경선에 참가한 후보자들은 이러한 공천 방식에 대해 '지지'가 아닌 '불만'을 토로했다. 지역구를 열심히 돌본 정치 신인들은 "현역 의원을 도저히 당해낼 재간이 없다"고 했고, 일부에서는 "경선 경쟁이 너무 치열해 본선에서 발휘해야 할 힘을 다 써버렸다" "완벽하지 않은 여론조사로 인해 신빙성도 떨어지고, 후보들끼리 서로 돕기는커녕 헐뜯는다"는 의견을 내놓았다.

이에 새누리당은 백서 제작을 앞두고 공천 과정의 문제점을 보다 정확히 짚어내기 위해 '당내 경선 참가자 심층 인터뷰'를 실시했다. 수도권·영남·충청 지역 등 당내 경선 실시 선거구에서 예비후보자로 출마했던 이들에게 '상향식 공천에 대한 평가' '해당 선거구의 경선 실시 타당성' '경선이 본선에 미치는 영향' '경선 방식 결정에 관한 문제' 등의 질문을 던졌다. 후보자들은 경선 과정에서의 경험을 토대로 솔직한 답변을 들려 주었다.

"현역 의원 100% 공천? 이제는 안 통해"

만약 새누리당이 부산에서 신인 후보 5명을 내세웠으면 더민주당이 5석까지 가져가기는 어려웠을 것이다. 이젠 국민이 다 안다. '부산은 현역 의원 100% 공천' 이러니까 인식이 아주 안 좋아진 것이다. "100% 현역이 다 이겼어? 그러면 우리가 투표로 교체해야지" 하고 더민주당을 찍은 것이다. 더민주당 5석은 전혀 예상치 못한 결과였다. 어느 지역이든 특정 지역에서 물갈이 없이 전부 현역으로 재공천한다는 것은 결코 좋은 인식을 줄 수 없다.

"진박 마케팅? 난 싫은데…"

진박 마케팅은 아주 안 좋았다. 하도 진박, 진박 읊어대서 새누리당이 졌다고 이야기할 정도다. 대통령이 좋아서 새누리당을 찍는 사람들에겐 진박 마케팅이 별 상관 없다. 어차피 찍으니까. 하지만 대통령이 아니라 새누리당을 보고 찍는 사람들은 다르다. "어? 새누리당이 이렇게 나와?" 하면서 "난 안 찍는다"고 하게 된다.

"새누리당원이지만 당이 싫다?"

대구는 전통적으로 당원이 많은 지역이라 당원을 투표에서 배제한 것이 지역민들에게도 반응이 좋지 않았다. 지금 당원들이 많이 빠져나가고 있지 않은가? 많은 당원이 새누리당원임에도 불구하고 정당투표에서 국민의당을 뽑았다. 당원이지만 당이 싫다는 것이다. 공천 당시 당에 대한 비판이 엄청났다. 공천 과정에서 그 모양으로 하니까.

"무릎 꿇는다고 누가 믿나?"

무릎 꿇고 선거운동? 그걸 누가 믿는가? 대구 지역구에서 더민주당 김부겸 의원이 당선되었다. 대구가 얼마나 보수적인 곳인데. 대통령이 200만 표 격차를 낸 데가 대구다. 여기서 그만큼 이겨서 전국적으로 100만 표 차이로 이긴 것 아닌가. 대구는 8080 즉, 80% 이상 투표하고 투표자 80%가 대통령을 뽑은 곳이다. 이번에는 그중 절반 정도가 투표를 포기했고, 투표자 절반 정도가 새누리당을 뽑았다.

"공천, 공천만 잘했어도…"

공천만 잘했어도 결과는 엄청나게 달라졌을 것이다. 설 직후, 진박 감별사가 돌아다니면서 망가지기 시작했다. 하루 종일 종편에서 보도됐다. 어르신들이 나한테 계파를 물었을 때 "저는 친농, 농민 편입니다"했다. 어르신들이 "저놈들 하는 짓거리가 제정신이냐" 하시더라. 그래서 내가 "참 잘못됐습니다"라고 말했다. 당선되면 저러지 말라는 말씀을 많이 하셨다.

"불공정한 경선, 모두가 등을 돌렸다!"

솔직히 당도 분열을 조장했다. 경선이 공정해야 승복하는데, 경선 자체가 불공정하고 깜깜하니 승복하겠나? 본선에서 당을 위해 뛰어줄 사람이 있었겠나? 오히려 딴지나 걸고 투덜대기나 하지. 경선 결과가 시너지 효과를 냈느냐고? 연출이 잘되고 멋있게 끝나야 하는데, 결과적으로 선거에 큰 도움이 안 됐다. 오히려 선거가 쪽박 차는 데 많은 기여를 한 것 같다.

PART

3

우리는 왜 너희를
찍을 수 없었나?

총선, 새누리 왜 망했나
우리가 알려주마

무슨 일이든 결과에는 원인이 있고, 실패에는 책임을 묻기 마련이다. 20대 총선에서 갖가지 예측과 기대를 깨고 새누리당이 참패하자 당 내부는 물론 각계각층에서 원인과 책임을 밝혀야 한다는 목소리가 높아졌다.

이에 새누리당은 '국민백서'를 통해 국민으로부터 직접 패배 원인을 들었다. 이번 총선 결과는 국민의 준엄한 심판이며, 정확한 원인 규명과 반성 없이는 결코 새롭게 나아갈 수 없다는 절체절명의 위기의식을 느꼈기 때문이다.

국민 FGI, SNS 위원회, 전문가 인터뷰, 출입기자단 설문조사, 사무처 내부평가, 경선 참가자 인터뷰를 통해 나온 답변들을 빠짐없이 조사해 7가지 키워드로 정리했다. 국민은 새누리당의 총선 참패 요인을 계파 갈등 · 불통 · 자만 · 무능 · 공감 부재 · 거짓쇼 · 선거 구도로 짚었다.

이 장에서는 국민이 공통적으로 꼽은 실패 요인들의 단초가 된 사건들을 연결해 정리했다. 또한 심층면접(FGI)과 인터뷰, SNS에서 국민이 들려준 생생한 목소리를 가감 없이 실었다. 새누리당이 왜 총선에서 졌는지, 무엇을 잘못했는지 한눈에 파악할 수 있다.

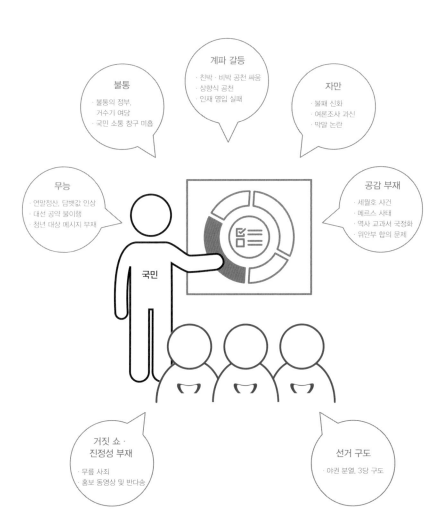

[계파 갈등]
01
—

밥그릇 싸움, 지긋지긋해!

국민이 이번 총선 참패의 원인으로 가장 많이 꼽은 것은 '계파 갈등'이다. 대통령의 '배신의 정치' 발언으로 불통 이미지가 더욱 뚜렷하게 각인되었다고 털어놓았다. 무엇보다 이 말로 인해 결국 친박과 비박 간의 대결 구도가 만들어졌고, 총선 공천 과정까지 이어지게 되었다는 점에서 실망감을 드러냈다. 친박과 비박 간의 공천 갈등은 국민에게 한 편의 '막장 드라마'로 비쳤다.

오랜 연륜과 노하우를 지닌 정치 고수들이 포진된 새누리당의 이미지가 하루아침에 무너졌다. 무엇보다 국민의 뜻을 존중하기 위해 채택된 상향식 공천이 공허한 외침이었을 뿐, 대통령의 의중만 중요했던 밀실 공천이라는 점에 많은 유권자가 분노했다. 석연치 않은 이유로 공천을 받지 못한 중진들의 탈당과 옥새 파동 등은 단순한 경쟁 구도를 넘어 공천 학살, 공천 전쟁으로 비쳤다. 그리고 기존 최고위원들의 전원 재공천과 참신한 인재 영입 없이 '그 나물에 그 밥'으로 치러진 선거에서 국민은 표심으로 실망감을 표현했다.

공천 갈등이 총선 패배의 직접적인 원인이라고 단정지을 수는 없지만 총선 패배로 가는 단초를 제공한 것임에는 틀림없다는 것이 국민의 공통된 의견이다.

진박, 친박, 비박, 원박, 뭔 박이 이렇게나 많이…
흥부전도 아니고

　국민이 새누리당 계파 갈등을 가장 첨예하게 느낀 것은 '공천 과정'이라고 말했다. '배신의 정치'로 지목된 유승민 의원은 결국 공천을 받지 못하고 당을 떠났다. 이 과정에서 국민은 청와대가 친박, 비박을 가르고 선거에 깊이 개입했다는 인상을 받았다.

　이후 본격적인 총선이 시작되기 전까지 '살생부 논란' '막말 공개' 등을 통해 국민은 당내 계파 싸움을 직접 목격했다. 공천 컷오프 대상자가 어느 계파인지, 중진의원 중에 누가 컷오프되는지 등 공천 갈등에만 여론이 집중되다 보니 국민은 실망감을 넘어 분노와 피로감까지 느끼게 됐다.

　일부 중진의원들이 컷오프에 반발해 탈당 후 무소속으로 출마하며 '어제의 동지가 오늘의 적'이 되었고, 공천 막바지에는 김무성 대표의 '옥새 파동'까지 벌어지면서 당내 갈등이 최고조에 다다라 국민은 큰 충격에 휩싸였다. 국민은 이러한 일련의 과정을 지켜보며 새누리당에 대한 지지 철회를 결정했다고 밝혔다.

이**   진박 마케팅 같은 경우에는 대통령이 국무회의에서 '진실한 사람을 뽑아 달라' 그랬는데 그 부분이 사실 진박 마케팅의 일부고, 그게 시작이라고 생각해요. 새누리당에서 전략 공천한 걸 보면 청와대 관련된 분들이 많이 되셨어요. 청와대에서 비박과 친박 이런 구도가 강렬하게 부딪치는 요인을 만들었다고 생각합니다.

김**   대통령이 친박 비박을 갈랐잖아요. 인사 영입할 때 친한 사람은 확실히 어떻게 됐든 끝까지 챙겨주고 아닌 사람은 끝까지 아니고. 그런 상황에서 어쨌든 정치를 계속하려면 동아줄을 잡아야 하는 게 사실이니까. 대통령이 잡느냐 아니냐 결정하는 패를 충분히 갈랐을 거예요.

김**   결국은 대통령의 의중에 따라서 미운털 박힌 사람한테 공천 안 주겠다는 거죠.

정**   공천이 굉장히 새로웠어요. 전에 없던 일이니까. 진박, 친박, 비박, 원박, 뭔 박이 이렇거나 많이… 흥부전도 아니고 말이죠.

강**   20대 총선에서 참패한 이유는 국민을 위한 정치가 아니라 호가호위하려고 하는 새누리당 내에 정치인들이 친박을 팔고 진박 마케팅을 벌이는 모습! 또 당 대표를 흑싸리 껍데기로 만드는 모습! 친박이라 주장하는 인간들이 당을 무용지물로 만들어 흙탕물을 뿌렸지만 거기에 대응하는 당 대표 역시 국민을 향해 옥새 파동을 일으키며 자기 사람 심는 모습에 매월 1만원씩 당비를 거의 십년간 내온 저마저도 너희들을 지지하느니 차라리 투표 안하겠다!

김**   유승민 한 명 때문에도 공천을 하니 마니 뭐. 그런데 결국 무소속으로 나오고 전반적인 과정에서 옥새 파동도 있었고 너무 안이하게 대처한 과정들을 보고 국민이 제대로 심판을 했고, 그래서 망한 느낌이에요.

최**   계파간 분열하는 모습을 밖에서 보고 있자면 한숨밖에 나오지 않았습니다. 특히 유승민 의원과 관련된 소동을 보면서 이게 엘리트들이 많다는 새누리당인지 동네 양아치들의 기싸움인지 분간이 안 되었습니다. 유승민 의원을 내쳤을 때의 후폭풍이 무서워서 스스로 나갈 때까지 치졸하게 뭉개고 있는 모습에서 국민이 무엇을 느꼈을까요? 2번당, 3번당에서도 이번 총선에서 잡음이 많았습니다. 하지만 위 두 당은 새누리당처럼 폭발하지는 않았습니다. 결국 표면적이라도 봉합이 되었어요. 정말 이번 선거는 '분열은 패배의 지름길'이란 사실을 명백히 보여주는 선거였습니다.

윤** 이미 가졌으면서도 독식을 위한 밥그릇 싸움이죠. 친박이 이기도록 만든 프로그램으로 여론조사하지 않았나 싶더라고요.

신** 집권 여당의 계파간의 갈등이 국회에까지 번진다면 우리 대한민국의 국가 수준이 어떻게 되겠습니까?

김** 국민의 경제적인 문제나 먹고사는 문제보다 국회의원들 머릿속에는 99%가 자기들 밥그릇 싸움이고, 다음 공천을 받기 위해서 줄을 잘 서야 한다는 것에만 관심이 있지, 국민의 관심사항이나 경제적인 문제는 1%라도 관심이 있을까 의심이 들 정도로.

성** 경선에서 떨어진 후보와 화합을 못하는 부분들이 아쉬웠으며 국민을 위해 일해야 하는 자리에서 욕심에 눈이 먼 주자들의 지역 관리에도 문제가 있었죠. 향후 자질과 인성, 애국심이 투철한 사람들이 참일꾼이 되어 국민에게 상처주지 말아야 하며 당에서 정직하고 정의로우면서 투철한 애국심의 조사원을 두어 국민의 소리를 들어야 할 것으로 봅니다.

박** 김무성 대표의 도장런은 추태의 절정이었음. 진짜 새누리당에 투표하기 싫어서 기권할까 하는 생각이 들 정도로. 더민주당도 국민의당도 공천 갈등이 있었다고 변명하지 말자. 새누리는 집권 여당인 만큼 더욱 책임 있는 모습, 국민에게 신뢰를 줄 수 있는 모습을 보여야만 했다.

국민공천!
정말?

20대 총선에서 새누리당이 도입한 '상향식 공천'은 당원이나 국민이 투표 등을 통해 정당의 공식 후보를 선출하는 것으로 당 지도부가 후보를 결정하는 하향식 공천과 반대되는 개념이다.

당초 계획한 여야 동시 경선 실시는 합의 불발로 무산되고 새누리당은 안심번호를 사용한 여론조사를 도입해 경선을 실시했다.

하지만 공천관리위원회는 자의적 기준으로 논란을 자초했다. 경선 대상 후보자를 결정하는 과정에서 납득할 만한 이유나 설명 없이 특정 후보를 배제하면서 사실상 전략공천을 이어갔다. 또한 정치 소수자 배려를 위한 우선추천지역제도를 전략공천처럼 활용해 논란을 불러일으켰다.

총선을 앞두고 당내 가장 중요한 일정인 공천 과정에서부터 불협화음이 계속되는 모습에 국민은 큰 실망감을 느꼈다고 밝혔다.

김** 국민공천을 시행했다고요? 자기들 생각이죠.

김** 이한구 그 양반이 주도해서 자기들끼리 밀실공천 비슷하게 되어버린 거 아닌가요? 저만 그렇게 본 건가요?

김** 내부적으로 새누리당에 오래 있었고, 재선을 많이 했던 사람들이 좀 밀렸잖아요. 그런 사람들을 오히려 더 잡아줬으면 지지층을 좀 더 끈끈하게 만들었을 텐데 그것도 아니고 내쳐버리니깐 공중에 떠버린 상태가 된 느낌이었어요.

이** 국민공천제를 하려고 했다가 못한 거 아닌가요? 김무성 대표가 그렇게 하려고 했었는데 못했던 거잖아요.

임** 공천 방식을 정하는 것부터 잡음이 너무 많았어요. 그리고 당연히 후보가 될 사람인데 이상한 사람이 떡 하고 들어와서 후보가 된 지역도 있었고요.

강** 시작부터 당내 잡음이 실망스러웠죠. 공천 과정을 보면서 실망스러운 모습이 많았어요. 국민의 생각도 반영해줘야 하고, 또 해주기로 했으면 하는 믿을 만한 모습을 보여줘야 했는데 그러지를 못했어요.

김** 국민, 유권자들의 의견을 수렴했다고 보긴 어렵죠. 와닿지가 않아요.

김** 솔직히 새누리당이 이번 총선 참패에 있어 가장 크게 작용한 원인은 '말도 안 되는 공천'이라고 봅니다. 유승민 의원과 이재오 의원을 당의 정체성과 위배된다는 말도 안 되는 핑계로 컷오프시킨 것을 가장 큰 예로 들 수 있습니다. 당의 원내대표를 두 번 역임한 이재오 의원이 당 정체성과 맞지 않는다면 새누리당의 정치노선은 뭡니까? 진보입니까? 새누리당에서 말하는 보수는 대통령의 '보수'만을 말하는 겁니까?

그 나물에 그 밥,
물갈이 대실패

　　새로운 세대, 큰 변화를 갈망하는 국민은 구태의연한 정치판에 힘을 불어넣어줄 참신한 인재를 요구했다. 하지만 새누리당은 20대 총선에서 그런 모습을 보여주지 못했다. 참신한 인물로 국민의 눈도장을 받았어야 함에도 공천제도 확정이 늦어지고, 친박과 비박이 힘겨루기를 벌이면서 당 지도부의 신인 발굴을 위한 인재 영입이 제대로 진행되지 못했기 때문이다.

　　반면에 더민주당은 언론과 온라인에서 이슈가 될 만한 인재 영입을 감행해 화제를 불러일으켰다. 김무성 대표도 1월 10일, 6명의 1호 인재 영입을 서둘러 발표했지만 이슈로 끌어올리는 데는 미흡했다. 당내 평가도 그리 호의적이지 않았다.

　　외부 인사 영입도 문제였지만, 부산의 경우 '현역 교체율 0%'를 기록한 것도 논란거리가 됐다. 새 얼굴이 나설 수 없는 구조적인 문제와 누가 나가도 PK에서는 야당을 이길 것이라는 오만이 맞물려 결국 '텃밭' 부산에서 5석이나 야당에 내주는 결과를 낳게 됐다. 이는 참신한 인재, 새로운 변화를 갈망하는 국민의 준엄한 심판이었다.

강**	매번 같은 사람이 나와요. 얼굴만, 마담만 교체하고 나머지 실세는 그대로 유지되는 모습들.
박**	바뀌지 않으면 그 나물에 그 밥이라고. 지지할 이유가 없어요.
차**	수도권의 경우 매번 총선에 나와서 떨어진 후보가 다시 출마하는데 이미 유권자들이 경쟁력 부족으로 심판한 후보가 여론조사 방식의 상향식 공천을 통해 새누리당 후보가 됩니다. 실제 본선에서 유권자들이 판단할 때, 저 후보는 우리 동네에서 시원찮은 인물인데 새누리당이 또다시 후보를 내면 어느 유권자가 표를 주겠습니까? 유권자들은 참신하고 유능한 인재를 요구하는데 새누리당은 낡은 퇴물들을 국민에게 내놓았습니다. 국민을 똥개 취급한 것입니다.
안**	이한구 공관위원장 주연, 뒤에 있던 감독의 예상은 야당이 분열되었으니 어떤 공천을 해도 과반은 넘을 거라는 안이한 생각이 참패를 불러온 것이라 봅니다. 따라서 각 지역구에서의 대국민 경쟁력보다는 공관위 눈치 보면서 여의도만 바라보는 비능력자들을 대거 공천함으로써 여기저기서 반발이 나오고 여당에 우호적인 종편에서조차 계속 비판을 하니 국민이 돌아설 수밖에 없었죠.
차**	2008년 총선, 2012년 총선 과정을 살펴보면 새누리당은 항상 '인재 영입'을 통한 물갈이를 통해 변화를 추구했습니다. 이번 총선의 경우 지역구 후보들을 살펴보면 그 나물에 그 밥입니다. 지난 총선에 나와서 떨어진 후보들이 야당과의 리턴매치를 벌였습니다. 결과는 처참하게 졌습니다. 솔직하게 여론조사 결과 믿고 느긋하게 선거운동을 한 새누리당 후보들의 방심 때문입니다. 지난 4년 동안 새누리당 후보들이 20대 총선 준비를 제대로 하지 않은 실수 때문입니다. SWOT 분석도 제대로 하지 않았고, 지역 민심이 무엇을 원하는지 뭐 하나 정확하게 찾아서 정책과 공약으로 주민들의 마음을 사로잡은 것이 별로 없어요.

[불통]
02

어딜 봐? 국민을 봐야지!

　　국민은 청와대와 새누리당의 관계를 수평적 관계가 아니라 수직적 관계로 규정하고 있다. 새누리당이 정부 정책에 대해 당당한 의견을 내는 것이 아니라 거수기 역할에 머물고 있는 것으로 인식하고 있다.

　　대통령 눈치만 보고 국민을 설득시키지 못하는 새누리당의 무능함에 국민은 실망감을 느끼고 있다고 밝혔다. 한편 담뱃값 인상, 역사 교과서 국정화 추진 등 정책 추진에 있어 일방적인 의견을 관철시키려는 청와대의 아집에 국민은 점차 마음을 닫게 되었다고 말했다. 정부와 새누리당에 차곡차곡 쌓인 국민의 불만은 마침내 이번 20대 총선에서 강하게 폭발하고 말았다.

　　국민은 새누리당이 총선 참패를 강력한 경고 메시지로 받아들이고 집권 여당으로서 역할을 제대로 해주기를 소망한다. 청와대와 새누리당이 수평적 관계를 유지함으로써 국민의 뜻이 반영된 정책이 제대로 펼쳐지기를 바라는 것이다. 또한 청와대가 남은 임기 동안 좀 더 마음을 열고 국민과 소통하는 정부가 되어주길 기대하고 있다.

불통의 정부와
거수기 여당

현 정부는 임기 초기 역대 그 어떤 정부보다 높은 지지를 받고 출범했다. 오랜 경륜과 개인적 후광을 정치적 자산으로 가진 대통령은 국민의 기대를 한 몸에 받았다. 하지만 세월호 사건, 메르스 사태 등을 통해 정부의 위기관리시스템 부재가 드러나면서 국민은 서서히 등을 돌리게 됐다고 털어놓았다. 국민은 청와대와 새누리당의 관계가 상호협력적 관계, 수평적 관계가 아니라 상명하달(上命下達)의 관계라는 점이 문제라고 지적했다. 여당은 청와대의 '거수기(擧手機)'라는 비판까지 나왔다.

정권 초기 인사 실패가 계속됨에도 불구하고 당에서는 자성의 목소리가 없었고, 국민적 이슈가 있을 때도 당의 입장을 밝히기보다 청와대 의견에 동조하는 수준으로 머물고 있었다는 것이 국민의 평가다. 결국 총선까지 이어진 수직적 당·청 관계(상명하달의 당·청 관계), 일방통행적 정책 추진은 총선 패배의 원인 중 하나임이 국민의 육성을 통해 드러났다.

국민은 지금이라도 새누리당이 대통령의 성공을 진심으로 바란다면 당·청 관계를 재정립해야 한다고 말했다.

신** 현 정부를 떠올렸을 때 가장 먼저 얘기하는 게 불통인데 불통이 되는 것 중 하나가 하다못해 여당하고도 제대로 통하지 않고, 김무성하고도 싸우고, 유승민 의원하고도 그렇게 싸우고.

조** 과거 대통령에 비해 큰 잘못은 없다 하더라도 소통을 안 하니까 굉장히 많은 문제들이 발생하지 않습니까? 패거리 정신만 있는 거고, 줄만 세우고, 뒤에서 막부 정치나 하고.

황** 이번 새누리당의 참패 원인에는 여러 가지가 있다고 생각하지만 일단 하나를 뽑자면 소통 문제가 있습니다. 정부에 대한 여론조사를 보면 항상 소통의 결여가 가장 큰 문제로 뽑혔으나 정부는 그다지 반성하고 발전하는 기미가 전혀 보이지 않았습니다. 권력자에게는 항상 국민과의 소통을 단절시키려는 장애물이 있게 된다고 합니다.

이** 청와대는 새누리당 자체가 독립된 당이면 무언가 할 수 있게 해줘야 하는데 계속 압력을 가하니까 김무성 대표의 뜻대로 할 수가 없었잖아요. 그런 식으로 지시하는 것이 계속 문제가 있었던 것 같아요.

박** 새누리당과 청와대는 소통이 안 되는 것 같아요. 청와대는 시키고 새누리당은 못내 듣는 것 같은 느낌이랄까? 시키면 하고 아니면 말고.

이** 김무성이 상향식 공천을 강하게 얘기했는데 결국엔 며칠 지나면 "잘못했습니다" 이런 식이었잖아요. 뜻이 있어서 강하게 한번 딱 얘기해 봐도 청와대에서 심기 불편한 얘기가 나오면 거기에 맞춰서 다시 바꾸고, 그런 걸 봐서는 청와대에서 무언가를 하는 듯 싶어요. 이런 모습은 정말 아닌 것 같아요.

조** 이제 줄 세우는 것도 잘 안 되는 것 같고, 불협화음이고 엉망이죠.

국민 : 나 지금 누구랑
이야기하는 거니?

국민이 정부의 불통을 지적하는 것은 단순히 당·청 간의 관계만은 아니다. 국민은 당·청 간 소통 부족뿐 아니라 정부와 새누리당이 국민과도 제대로 소통하지 못하고 있다고 지적했다.

세월호 사건, 메르스 사태 등 범국가적 문제를 겪으면서 정부·여당에 대한 국민의 실망감은 증폭됐다. 동시에 국민은 양극화와 불평등 심화, 가계부채 증가, 심각해지는 청년 실업 등 절박한 현실 문제에 당면하고 있다. 어둡고 긴 터널을 지나고 있는 국민에게 필요한 것은 '대화와 소통'이다. 정부와 새누리당은 솔직한 입장을 알리고 설득해야 함에도 불통으로 일관하고 있다는 지적이다.

국민 입장에서는 정부와 소통할 창구가 없다는 것도 큰 불만이다. 형식적인 여론조사를 통한 지지율 확인에 그칠 것이 아니라 보다 적극적인 소통 창구를 마련해 국민의 뜻이 무엇인지 정확히 알고 수렴하기를 간절히 소망하고 있다.

신** 처음엔 국민의 뜻을 받들고 국민의 마음을 알 것 같았어요. 하지만 한 나라의 대통령이 자기 개인적인 감정을 가지고 그렇게 하는 것에 굉장히 화가 났어요.

홍** 젊은 친구들이 참여하지 않는다는 식으로 얘기를 하는데 제 생각에는 소통할 수 있는 주제나 창구에 대해 전혀 연구하지 않고 무슨 포럼 같은 거를 열어서 너네는 그냥 들어라 이런 식으로 소통하는 건 맞지 않다고 생각해요. 전혀 공감도 되지 않고, 국민을 상대로 장난하는 건가 그런 생각이 많이 들었어요.

강** 대통령이 되고 나서 가장 중요한 소통을 완전히 닫았습니다. 국민과, 당과 소통이 안 되니 서민들이 무슨 생각을 하는지 들을 수 있는 창구가 없잖아요. 너무 독단으로 가지 않았나 싶네요.

차** 새누리당도 선거철만 그러지 말고 자주자주 청년들과도 소통했음 좋겠어요~ 온라인도 좋지만 오프라인에서 다양하게 활동(이것도 다양한 방법이 있지만)을 진심으로 한다면 많은 국민도 그 진심을 알아줄 거라 생각합니다.

김** 새누리당 공식 홈페이지 내에 새누리당 정책위 수신으로 (국민신문고처럼) 실명 정책제안을 할 수 있는 시스템부터 구축하는 것이 진정한 의미가 담긴 소통의 자세일 것입니다.

[자만]
03

—

오만의 끝을 봤다

이번 20대 총선 패배의 여러 원인 중 빠트릴 수 없는 것이 바로 '오만'이다. 제1당이자 집권 여당으로서의 자신감, 보수정당으로서의 정체성, 승리를 예견하는 여론조사 결과… 그동안 쌓아온 노력의 결과라고 생각했던 이런 호재(好材)들은 선거를 앞두고 새누리당의 자신감을 한껏 끌어올렸다.

특히 총선이 얼마 남지 않은 시점에 야당이 더민주당, 국민의당으로 분열되면서 여론조사기관과 언론에서 새누리당이 압승할 것이라는 분위기를 만들었다. 이러한 분위기에 취해 김무성 대표를 비롯한 여러 의원들의 '180석 가능' '과반은 확실시' 발언은 유권자의 등을 돌리게 했다.

또한 소위 '텃밭'으로 불리는 강남 일대와 TK·PK 지역에 상대적으로 소홀한 측면이 있었다는 점도 빼놓을 수 없다. 무슨 짓을 해도 '새누리당'편이라고 외치던 지역 주민들조차 납득하지 못한 공천과 미흡했던 선거 유세는 결국 텃밭의 일부를 빼앗기는 데 일조했다.

상황을 제대로 파악하지 못한 중대한 오판과 유권자의 표심 이탈을 부추긴 발언, 그리고 너무 일찍 터뜨린 샴페인에 국민은 등을 돌렸고, 20대 총선 참패의 주요 원인이 되었다.

'180석'이라 쓰고
'오만'이라 읽는다

국민은 이번 총선에서 새누리당이 자신감을 넘어 지나치게 오만했다고 평가했다. 공천 파동, 제대로 된 공약의 부재, 신선한 인재 영입 실패 등 패배 요인이 도처에 널려 있었음에도 불구하고, 분위기에 휩쓸려 승리를 자신한 것이다. 그것이 국민의 눈에는 오만함으로 비쳤고, 투표를 통해 심판해야 한다는 생각을 갖게 했다.

실제로 20대 총선을 100여일 앞두고 열린 경기도당 신년 인사회에서 김무성 대표는 상향식 공천이 국민의 관심을 불러일으킬 것이라고 자신하면서 180석 가능성을 시사했다. 이런 자신감 넘치는 발언은 야권 분열이라는 호재(好材)에서 기인한 것이었다. 역대 어느 총선 때보다 여럿으로 야권이 나뉜 상황은 겉으로 보기에 분명 새누리당에 유리한 구도였다. 야당 일부 의원들조차 "새누리당이 역대 총선에서 경험하지 못한 가장 유리한 구도"라고 말하기도 했다. 덧붙여 언론에서는 각종 여론조사 기관의 결과를 근거로 180석 가능성에 힘을 실었다. 물론 당내에서도 지나친 자신감에 대한 경계와 회의적 반응도 있었지만, 분위기는 이미 승리한 것처럼 들떠 있었다.

국민은 새누리당의 오만함에 불쾌함을 느꼈고, 마음속으로 경고장을 준비하게 되었다고 밝혔다.

| 김** | 초반에 김무성 대표가 이런 말을 했어요. 야당이 분열되고 단일화가 어려워지니 새누리당이 어부지리로 이길 수 있을 것이다. 180석 이상도 기대한다고 말이죠. 그 말이 너무 교만하고 오만하게 보였어요. |

| 김** | 이런 얘기도 들었어요. 김무성 대표가 180석 해서 국회에 불합리한 국회선진화법 같은 것들을 무력화시키자! 사석에서나 할 말을 여기저기서 굉장히 많이 하더라고요. |

| 김** | 너무 자만해서 그렇죠. 우리가 무슨 짓을 하더라도 결국은 찍어주지 않겠냐. 마지막에 가서는 자기들 찍어주지 않겠냐 하는 자만? 국민을 너무 우습게, 무식하게 본 거죠. |

| 하** | 경제는 정말 피부로 느껴질 만큼 너무 힘든데 새누리당이 너무 자신만만해 하니까 일반 국민이 '쟤네 밀어내 보자'하는 생각에 야당으로 마음이 많이 바뀐 것 같아요. |

| 송** | 내가 틀릴 수 있고 상대가 맞을 수 있다는 생각을 결정적인 순간에 할 수 있어야 하는데, 그런 과감한 결단을 누가 할 수 있을까요? 대통령과 강한 권력을 가진 리더들이 상대의 의견 앞에 겸손을 가져야 대한민국은 배움을 통해 성장할 수 있습니다. |

| 박** | 이한구 공관위원장. 적어도 언론 앞에서는 높임말을 써야 하지 않았을까? 언론에 얘기하는 것은 국민을 상대로 얘기하는 것인데 반말이라니… 너무 오만하게 보였다. 그리고 180석 전후, 과반 전후 마치 승리는 따 놓은 당상이라는 듯한 발언들…. 새누리 지지층들에게도 너무 자만하는 듯 보였다. 하물며 일반 국민에게는? |

이** 의식 있는 국민이라면 누구나 국가의 미래를 생각합니다. 그동안 새누리가 다수당으로 지내온 것도 현명한 국민 때문입니다. 그런데 오만한 생각으로 국민을 위한 생각을 버리고 친박이라는 자기를 위한 정치를 하겠다는 것에 대한 국민의 경고입니다. 친박 운운하면 앞으로 더 무서운 심판이 이어질 것입니다.

Kim* 내 성향은 보수인데 새누리당을 지지하자니 창피한 시대입니다. 반대진영이 갈라서면서 대세론이 생기고, 대세에 의해 오만해지고, 오만해지면서 양보하지 않는 당원들을 만들고, 양보하지 않는 당원들은 의견조율을 할 줄 몰랐습니다. 결국 진보진영의 갈라짐이 위기 따위 없는 새누리당이라는 이미지를 만들어줘서 전통적 지지자들이 투표를 안 한 것 같고, 줄서기와 깃발꼽기 같은 행위들은 젊은 지지자들에게 짜증을 유발시켜 투표를 안 하게 만든 것이라 생각합니다.

황** 새누리당은 이번에 야권이 더민주와 국민의당으로 나뉜다는 말을 들었을 때부터 오만한 소리를 많이 했었습니다. 저는 새누리당이 3당 체제가 됐으니 180석은 챙길 수 있을 것이라는 말을 들었을 때부터 걱정이 됐습니다. 오세훈 시장을 험지 출마시키느냐 마느냐를 결정하는 데 안 달이 나 있을 때부터 너무 여유 있다는 생각이 들었습니다. 꼭 거물을 그렇게 험지에 출마시키려 할 필요가 있는지 의문이 들었습니다. 이때도 새누리당이 너무 여유롭다는 생각이 들었습니다.

영남 · 강남,
우리가 텃밭이라고?

이번 총선 결과에서 또 하나의 큰 충격은 영남 지역에서의 선거 결과였다. 영남 지역에서 더민주당은 9명의 당선자를 냈고, 부산의 경우 18석 중 5석을 야당이 차지하면서 자신만만했던 '낙동강 벨트'가 무너졌다. 특히 새누리당의 아성인 대구에서도 야권 후보가 2명이나 당선되었다.

국민은 이런 결과 또한 새누리당의 오만에서 비롯된 것이라고 평가했다. 대통령의 정치적 기반인 TK는 '우리가 남이가!' '누가 뭐래도 새누리당이지!'라는 무조건적 지지를 서서히 거둬들이고 있다는 지적이다. PK 역시 압도적인 표차로 승리했던 18, 19대 대선과는 달리 야당 후보를 근소한 차이로 이기고 당선되는 등 변화가 감지되고 있다.

이번 20대 총선에서 '강남불패 신화' 또한 여지없이 깨지고 말았다. 강남 3구를 으레 자신들의 텃밭으로 취급하며 최선을 다하지 않은 일종의 자만심 때문이라는 분석도 있다. '불패의 지역' '전통적인 보수지역'이라는 안일함은 결국 실패의 결과로 되돌아왔다.

허**　고인 물이 썩는다고 견제의 필요성을 절감했고요. 또 저희 지역구 같은
경우 새누리당 후보가 정치할 사람이 아니었어요. 전혀 준비가 안 된 후
보를 내놓는 것, 무조건 여당은 잘하겠다, 힘 있는 여당~ 이건 아닌 것
같더라고요.

김**　다른 지역은 모르겠는데 저희 지역은 선거유세를 많이 안한다고 하더라
고요.

박**　그동안 새누리당 찍어줘도 부산은 좋을 때가 없었어요. 그래서인지 이
제는 예전처럼 인물도 안 보고 찍는 사람이 많이 없어요. 완전히 바뀐
모습을 기대했는데… 전부 교체하고 새로운 인물이 나오면 모를까.

윤**　선거 초장부터 새누리당이 180석 플러스 알파도 가능하다고 알고 있더
라고요. 그래서 그런지 실질적으로 부산 쪽은 지역구 의원 뽑는데 그리
관심이 많지 않았습니다. 당연히 자기가 가져간다고… 그래서인지 유세
하러 한 번밖에 안 오더라고요.

정**　근데 사실은 그동안 전통적인 보수, 집권당을 지지했던 분들이 더 뿔이
나신 것 같아요. 하는 짓거리가 너무 건방지니까요. 스스로 자멸한 것과
다름없죠.

차**　유명한 사람도 아니고 그냥 상향식 공천을 통해 아무나 나온 새누리당
후보를 어느 유권자가 표를 주겠습니까? 경쟁력 부족이죠.

김**　현재 인구구조 자체가 고령층이 많다 보니 결국은 우리가 이기겠지 하
는 자만이 있었던 것 같아요. 헌데 인구구조가 바뀐 지역이 있거든요.

여론조사 160~180석?
우리가 막아주마

    국민의 표심을 미리 예측하는 여론조사가 이번 20대 총선에서는 악재로 작용했다. 대부분의 여론조사기관이 3월 중순 조사 결과에서 새누리당 160석, 더민주당 90석, 국민의당 30석 안팎을 예측했다. 국민은 새누리당이 이러한 결과를 믿고 안주한 것이 총선 실패의 도화선이 됐다고 말한다.

    가장 큰 문제는 엉터리 여론조사에 있었다. 선거 기간 내내 새누리당 압승을 예상했던 기관들은 총선 날짜가 다가오면서 야당의 수직 상승세를 발표하는 등 오락가락했다. 선거 결과는 더 의외였다. 더민주당이 1당으로 올라선 데다 조사 기간 내내 한 번도 상대방을 이기지 못했던 후보가 큰 차이로 승리하는 등 한마디로 엉망이었다.

    홍수처럼 쏟아진 엉터리 여론조사 결과는 선거 상황 자체를 왜곡했다. 하지만 이런 결과에 자신하며 오만한 태도를 보인 새누리당에 가장 큰 책임이 있다는 것이 국민의 생각이다.

이**   여론조사 영향이 컸는데요. 선거전부터 발표되는 걸 보면 새누리당이 160석에서 180석까지 된다고 하더라고요. 그런데 새누리당이 잘한 게 없잖아요. 친박으로만 공천을 다 해버리고, 김무성 대표도 도장 가지고 도망가고 그런 상황이 발생했는데도 180석이나 된다니…. 그냥 투표를 안 하는 게 낫겠다고 생각했습니다. 여론조사 자체가 잘못된 거였죠. 아무튼 이번에 여론조사 때문에 새누리당은 굉장히 많은 손해를 봤던 것 같아요. 저와 비슷한 생각으로 투표를 안 한 사람들이 많았을 테니까.

김**   새누리당에서 여론조사부터 너무 독점을 하다시피 하니까 일방적인 길로 가는 것 같더라고요. 그래서 서로 경합을 붙여놓으면 어떨까란 생각이 들었습니다.

진짜
그렇게 생각해?

　　최근 몇 년간 새누리당 의원들은 어이없는 발언들로 국민의 분노를 자아냈다. '쏟아진 물은 주워담을 수 없고' '말 한마디로 천냥 빚을 갚는다'는 속담과 격언을 굳이 상기하지 않더라도, 정치인들의 말실수는 씻을 수 없는 오점으로 남는 경우가 많다. 특히 그러한 실수가 여러 번 반복된다면, 그것이 곧 정치인과 그가 속한 정당의 수준이라 생각하게 된다.

　　그런 의미에서 지난 대선 이후 새누리당 의원들의 입에서 나온 몇몇 발언들은 시간이 지난 지금도 두고두고 회자될 정도로 충격적이었다. 이번 총선에서도 그런 말과 행동들이 패배에 일조했다고 국민은 생각한다.

　　특히 당을 이끌어 나가는 지도부나 당의 입장을 대변하는 인사들의 무책임한 발언, 문제가 생겼을 때 다른 정당이나 반대 계파에 책임을 전가하는 떠넘기기식 발언은 국민의 가슴에 두고두고 남아 비호감 이미지를 만든다고 밝혔다.

신** 김무성 망언요. 출산율이 낮으면 조선족 여자들을 데리고 오고 일단 이민을 더 확대하면 된다는 식의 얘기… 그런 것도 망언이라고 생각합니다.

종* 일부 의원들의 구시대적 망언. 전관예우를 통해 예산폭탄 만들겠다 등.

심** 김무성 대표의 망언 어록, 한번 읊어볼까요?

– 니는 연탄 색깔이랑 얼굴 색깔이 똑같네.

– 아르바이트를 구하러 가서 그런 사람(악덕업주)인가 아닌가 구분하는 능력도 여러분들이 가져야 한다.

– 아기를 많이 낳는 순서대로 비례 공천을 줘야 하지 않나 고민을 심각하게 하고 있다.

– 힘의 논리가 지배, 힘이 곧 정의다. 힘을 얻기 위해 자유를 조금 유보해서 경제력을 키운 것이 박정희의 5·16이다.

– 복지 과잉으로 가면 국민이 나태해집니다. 애들이 학교에서 공짜로 주는 밥 안 먹는다는 것 아닙니까.

– 역시 강남 수준이 높다. 전국이 강남만큼 수준이 높다면 선거가 필요 없다.

– 대기업 노조가 쇠파이프로 두드려 패는 일 없었으면 국민소득 3만불 넘었을 것.

먹고살기 너무 힘들어

국민이 정치보다 더 민감하게 생각하는 분야가 바로 경제이다. '경제 안정'이 바탕이 되지 않고서는 결코 좋은 정부, 잘된 정책으로 평가받을 수 없다. 취임 이후 대통령이 가장 많이 언급한 단어 또한 '경제'이다. 신년 기자 회견에서도 '경제' 아니면 '국민'이란 단어가 등장하지 않는 문장이 없을 정도였다. 그럼에도 불구하고 경제 지표는 지속적인 하락세를 벗어나지 못하고 있다. 체감실업률은 치솟고 있으며, 청년실업률 또한 사상 최악이다. 경제성장률도 부진을 면치 못하고 있다. GDP 성장률이 1%를 넘긴 분기는 단 두 차례뿐으로 집계됐다. 가계부채 부담과 경기 침체로 국민은 '먹고살기 힘들다'는 아우성을 치고 있다.

새로 시행된 정책, 대통령의 대선 공약 실패에 대한 불신도 깊어졌다. 연말정산 체제 개편으로 인해 오히려 서민, 직장인들의 유리지갑만 털어간다는 볼멘소리도 커졌고, 누리과정 논란으로 인해 젊은층을 중심으로 국정운영에 대한 신뢰도는 계속해서 낮아지고 있다.

국민을 위한 정책들이 현실을 반영하지 못하고 공허한 메아리로 그치고 있다는 부정적인 시각이 국민의 마음속에 뿌리내리면서 야당의 경제 실정론과 맞물려 이번 총선에 악영향을 미쳤다.

대기업은 못 건들고
유리지갑만 턴다

　　국민이 정부 정책 중 가장 민감하게 생각하는 부분이 바로 세금이다. '13월의 월급' 연말정산은 '13월의 세금 폭탄'이 되면서 국민에게 큰 원성을 샀다. 현 정부가 들어선 이래 가장 낮은 지지율을 기록한 때가 바로 지난해 연말정산이 시작될 때였다. 정부는 애초 '많이 거두고 많이 돌려주던' 방식에서 '적게 거두고 적게 돌려주는' 방식으로 연말정산이 개편됐다고 설명했다. 또한 서민들의 부담은 덜어주고, 고소득자들의 세수 부담이 늘 것이라고 발표했다. 하지만 정부의 이런 설명에도 불구하고 국민은 이것을 '세금 폭탄'으로 느꼈다고 밝혔다.

　　정부는 부랴부랴 대안을 꺼내놓았지만 턱없이 안일하고 부실했다. 이런 정부 대응책의 실효성 여부는 둘째치고 '소 잃고 외양간 고치는' 땜질식 처방에 실망감은 점차 커졌다. 거기에 담뱃세 인상으로 담배 가격이 폭등했고, 건강보험료 등의 인상까지 논의되며 '월급 빼고 다 오른다'는 아우성이 계속되고 있다. 이와 반대로 대기업들은 법인세 감세 혜택을 여전히 받고 있다. 대다수의 국민은 잘나가는 대기업의 감세가 서민의 유리지갑을 노리는 증세와 비교되어 더욱 큰 상대적 박탈감이 든다고 말했다.

박** 연말정산 때 억울한 마음이 많이 들더라고요. 서민이 조금 더 잘살 수 있도록 해줘야 하는데… 매스컴에서도 잘못했다는 얘기들이 많이 나오더라고요.

장** 이번 정부 이전에는 담뱃세는 서민의 세금이니까 올려서는 안 된다 그래놓고 이번 정부 들어서는 담뱃세가 없어서 국가 운영이 안 된다고 올렸잖아요. 하는 행보도 뒤죽박죽이고, 지켜진 공약이 하나도 없어요.

홍** 친척 중에 강남에서 사업하시는 분이 있는데 이번에 세금폭탄을 맞았어요. 안 내도 되는 걸 상당히 내게 돼서 화가 많이 나서 이번에 무조건 새누리당은 아웃이라고.

신** 담뱃세 얘기가 가장 컸죠. 서민을 위한다고 하면서 실제로 법인세는 올라가지 않고 계속 서민들의 개인 세금만 올라갔지 기업에 대한 규제라든가 그런 것도 없었죠.

김** 재산이 몇십억이 있는 사람들은 다 피해가는 방법이 있잖아요. 서민들은 유리알 세금으로 다 내고… 불합리한데 그걸 해결하지 못하고 있죠.

김** 증세 없이 하겠다고 했던 공약들인데 결국 지금은 세금이 많이 올랐잖아요. 부담되죠, 당연히.

송** 희귀병이랑 건강보험을 축소한다거나 그런 문제는 서민을 위해서 혜택을 늘려야 되는데 전혀 없으니 살기가 더 어려운 거죠.

이** 경제민주화를 대선 공약으로 내걸었는데 사실 중소기업과 대기업의 상생이 강조되는 정책 공약이거든요. 하지만 대기업 친화정책을 많이 폈죠. 완전히 반대인 거죠.

김** 맨날 자기네 기득권층만 잘 살리려고 하고, 서민을 위한 정책들은 별로 없는 것 같아서 이번에 더 많이 마음이 돌아서지 않았나 싶어요.

최** 회계사를 준비해서 세금 공부를 하고 있는데, 기업을 키우기 위해서는 세금혜택이 있어야 하잖아요. 중소기업 중견기업 각 규모에 맞게 이뤄져야 하는데, 이건 50인 이하의 소규모 중소기업에만 국한되어 있고, 또 이상하게 삼성 같은 대기업에는 엄청난 혜택을 주고요. 확실히 친재벌인 것 같아요.

문** 정책 자체가 사실은 대기업, 그리고 부자들 편의 위주 같아요. 예전에는 세계 경제가 다 힘드니까 서민도 힘들다 이렇게 생각했는데 이번 선거 들어서 생각을 많이 해보니 근본적인 문제가 있는 것 같아요.

김** '국가가 경제를 살린다'는 개념은 정보화시대에 부합하지 않는데 행정부, 입법부 구성원 전체가 그것에 매달리는 인상을 줬습니다. '국가가 국민을 살리면 국민이 경제를 살린다'는 스탠스에 입각해 '경제는 기업가, 근로자가 살리고 우리는 정의를 바로 세우겠다'는 헌법중심의 입법, 행정이 필요합니다. 더 이상 1970년~1990년이 아닙니다.

신** 전세 상승을 반영하지 못하는 물가 상승률을 월급에 반영시키니깐 동결되거나 올라가도 1~2% 오르는 거죠. 그런데 그렇게 해서 연봉이 올랐어도 갑자기 4월에 건강보험으로 왕창 떼어가고, 연말정산에서도 또 토해내고.

대선 공약(公約)은
공약(空約)이 되었다

　　박근혜 대통령은 2012년 대선 때 '국민통합'과 '국민행복'을 기반으로 한 '국민행복 10대 공약'으로 당선됐다. 내용을 보자면 생애주기별 맞춤형 공약으로 모든 연령층과 사회계층, 20대 대학생·청년들, 3040세대 맞벌이 부부들, 65세 이상 노인들의 피부에 와 닿는 공약이었다.

　　구체적인 내용을 보면 ▶가계부채 부담 경감 ▶0~5살까지 국가무상보육 ▶고교 무상교육 확대, 반값 등록금 ▶4대 중증 질환 건강보험 100% 책임 ▶대학생·신혼부부를 위한 반값 임대주택 ▶해고 요건 강화 ▶비정규직의 정규직 전환 및 최저임금 인상 ▶범죄와 재난으로부터 국민 보호 ▶경제민주화를 통해 전통시장과 골목상권 보호 등이다.

　　하지만 국민은 이 공약들이 상당히 후퇴하거나 폐기된 것 같다고 지적했다. 철썩같이 믿었던 공약들이 제대로 이행되지 않는 모습에 실망을 느꼈고, 다음 정권은 맡길 수 없다는 생각을 하게 되었다고 말했다. 이번 20대 총선에서는 그러한 국민의 생각이 그대로 표출되었다.

정** 　지금 임기가 중반을 넘어섰는데 공약 중 뭐라도 하나는 되어 가는 모습을 보여야 하잖아요. 그게 희망이잖아요.

허** 　정치, 경제, 국방, 외교 이렇게 나눠서 봐도 어느 하나도 잘하는 게 없더라고요. 박근혜 대통령에 대한 실망감이 굉장히 많이 들었죠.

한** 　국정교과서, 테러방지법, 노동개혁같이 젊은층의 공감을 전혀 사지 못하는 사안을 콘크리트층의 견고한 지지만 믿고 소통, 토론 없이 밀어붙이고, 경제는 날이 갈수록 어려워지는데 '창조경제'같이 이미 희화화된 소재를 근엄하게 밀어붙이는데 이만큼 표를 얻은 건 '참패'가 아니라 '성공'입니다.

양** 　너희들이 진심으로 기득권을 유지하고 싶다면 서민들이 정말 체감할 수 있는 정책들을 펼쳐야 함. 반값등록금, 전월세상한제, 연간 의료비 100만원 상한제, 최저시급 1만원 등. 솔직히 맘먹고 하면 충분히 할 수 있는 정책들인데 그놈의 득실 때문에 안 한 거잖아.

고** 　이제 국민이 바보가 아니기 때문이죠. 세월호 사태와 국정교과서, 테러방지법 등 말도 안 되는 일들을 지켜보며 현 정부와 줄을 잡고 있는 새누리당은 답이 없다고 느끼게 되었습니다. 이제 학교에서 법과 정치를 배우며 민주주의와 세상 속에 살아가는 법을 배운 저도 잘못됨과 문제를 느끼는데 더 오랜 시간 배우신 분들은 어떠셨을까요? 이런 글 올리실 시간에 사람의 감정을 다시 한 번 배우세요.

차 일반 국민은 사실 계파 갈등이나 이런 문제보다는 당장 먹고사는 문제
가 더 중요하다 생각할 겁니다. 당장 취업이 어렵고 물가가 높고 생활이
어려우면 여당을 안 찍으려 하죠. 정치에 관심 있는 국민 외에는 현재
생활에 불만족하면 야당이 좋아서가 아니라 "나 지금 너무 힘들어요"라
는 마음으로 여당 안 뽑는 듯. 대선과 다음 총선에서 새누리당이 승리하
려면 내놓은 정책은 꼭 지키고 정책 이행률 미달성시 개별실적제도를
도입해서 불이익을 줘야 합니다.

정 방산비리. 4대강. 자원외교. 누리예산…. 애 낳기만 하면 국가가 책임진
다고요? 거짓말도 적당히 해야지. 월급은 그대로고 세금은 나날이 치솟
고 그외 물가도 치솟고 집값도 치솟고 문제 생기면 남일 대하듯이 하고
기업 배불려주는 비정규직. 아동학대. 무능한 여성가족부. 범죄 가해자
는 행복하게 살고 피해자는 평생 고통 속에 살아야 하고. 에휴. 다 말하
기엔 몇 시간에 걸쳐서 써야겠네요. 국민이 원하는 건 복지가 아니라 상
식이 통하는 사회를 만드는 겁니다.

고 국민이 정치에 관심을 가지기 시작했기 때문이죠.. 살아가는데 힘들어도
되지만, 희망 없이는 살고 싶지 않기 때문입니다. 희망을 보여주지 않고
잘못된 법안만 보였습니다.

정 지금은 밥은 먹고 살아요. 굶어죽진 않아요. 그런데 희망이란 게 없어요.
절망밖에.

청년을 위한
나라는 없다

대선 공약 중 정부와 여당이 특히 공을 쏟은 분야가 있다. 젊은 세대들, 즉 미래의 한국을 책임질 세대를 위한 교육, 복지, 일자리 창출 등이 바로 그것이다. 덕분에 젊은 세대들은 여당에 대한 기대가 컸다. 하지만 이번 총선에서 젊은 세대들은 등을 돌렸다. 특히 2030세대를 중심으로 현 정부와 여당에 대한 불만을 표출하는 '앵그리 보터(angry voter)'들이 적극적으로 투표에 임하면서 여당의 패배에 일조했다.

청년층에서 정부와 여당에 대한 불만이 증가한 가장 큰 이유는 '공약의 철회'였다. 대학생들을 위한 소득 연계 맞춤형 반값등록금의 경우 저소득층에 혜택을 더 주고 고소득층은 혜택을 덜 받도록 차등 지원하겠다고 했지만 청년들의 체감도는 낮았다. SNS에는 "반값등록금 해냈다는 TV 광고를 만들 돈으로 수백 명은 더 장학금 줄 수 있었겠다"라고 비꼬는 댓글도 많았다.

사회 초년생, 신혼부부, 대학생 등 2040세대 무주택자를 대상으로 한 '행복주택 건설' 공약도 공허한 외침이었다. 누리과정 예산 논란 역시 젊은층의 지지 철회를 부채질했다.

최** 청년들에게 일자리를 더 준다고 했는데 노년층들한테 혜택이 많이 가고 있잖아요. 물론 노령연금 받는 것은 까다롭지만… 노인 정책은 나아진 것 같은데 청년들은 살기가 더 힘들고 그래서 결혼하기 싫고, 아이 안 낳고, 아이를 낳으라고 하지만 예방주사를 맞히려면 비싼 건 다 돈 내야 하고, 보험도 안되고요.

박** 청년일자리 창출이 가장 문제예요. 말로만 그러지 일자리가 늘어나지도 않고, 가장 심각한 문제라고 생각해요.

김** 청년취직요? 솔직히 비정규직 없앤다 하셨는데요. 아웃소싱이라는 말 아시는지요? 저는 이게 없어져야 한다고 생각합니다. 사회 시작을 마이 너스인생… 최저시급으로 살려면 얼마나 일해야 하는지요.

하** 고용디딤돌이라고 해서 중소기업 인턴 제도를 활성화해서 처음에는 1년, 2년 계약 직후 70%, 80% 전환을 얘기하는데 그런 경우를 본 적이 없어요.

이** 등록금은 계속 인상되고 있는데 동결에 실패하는 대학들도 굉장히 많거든요. 젊은 친구들이 사회에 나가서 학자금을 갚으려면 굉장히 오랜 시간이 걸리고 그러다 보니 여러 가지 대출에 허덕이고 연체가 많아지고 이런 것들이 매일 뉴스에 나오죠.

김** 파견법은 문제가 많은 법이라고 생각해요 예를 들어서 피자 한 판이 있어요. 4명이 8조각을 두고 2조각씩 먹을 수 있는데 4명을 더 데려와서 1조각씩만 먹으라는 거죠. 피자의 크기를 늘리거나 더 사오거나 그렇게 해야 하는데 단순히 나누는 방법으로만.

송** 등록금 문제도 공약은 많이 내세웠는데 반값등록금 이런 것도 실천하지 못하고 말 바꾸기 그런 것들이 계속 반복되면서 신임이 없어지는 거죠.

최**   마지막으로 새누리당은 총선 기간 동안 청년정책 토론회라든가, 이런 곳에 신경을 덜 썼다는 느낌이 있었습니다. 지금 새누리당을 싫어하는 청년층이 나이만 먹는다고 새누리당으로 돌아서진 않을 겁니다. 야권 성향 계층의 마음을 돌리는 노력도 필요할 것 같습니다. 아래서부터의, 개인 차원에서의 접근이 필요하다고 생각합니다. 새누리당이 추구하는 바가 현재 청년계층에게 어떻게 좋은 건지, 정책집을 달랑 쥐어주는 것이 아니라 직접 소통해야 합니다. 토크콘서트를 하든 팟캐스트를 하든 그들이 소통하는 방식으로 다가가야 합니다. 처음에는 별의별 능욕과 수모를 겪겠지만, 그런 방식으로 다가가는 것이 필요할 것 같습니다.

김**   서비스노동개혁, 경제활성화법처럼 나름 청년 고용문제에 대해서 해결하려고 하는 흔적은 있는데 관철시키려면 국회에서 통과가 되어야 하는데 그 실현 과정이 너무 잘못되어 가고 있죠.

황**   국가안보에만 국민세금을 물 쓰듯 하고 있고 새누리당이 1당으로 집권한 기간 동안 서민복지는 더 후퇴했어요. 특히 아이 키우는 부모가 봤을 때는 점차 지원을 줄이거나 기준을 세워 혜택에 차등을 두려고만 하지 도대체 양육수당 외에 하고 있는 정책이 뭐가 있습니까? 돈 없어서 출산지원금도 못준다면서 왜 그렇게 국민세금으로 해외순방은 잘 다니고 무기는 사는 거죠? 한마디로 상위층을 대변하는 당을 대다수의 서민 특히, 젊은 투표층이 지지할 이유가 무엇이 있겠습니까. 지난 시간동안 아이 키우는 데 돈은 더 많이 들어가고 더 위험해져가기만 합니다. 아이들의 안전을 위해서 세월호법은 통과되어야 하고, 아이 키우는 부모를 위한 정책을 더 많이 고민해주시기 바랍니다.

공감이 뭔감?

공감 능력은 정치인을 비롯한 각 분야의 리더들이 꼭 갖추어야 할 덕목이다. 하지만 우리 국민은 '공감 부재(不在)의 시대'에 살고 있다고 느낀다. 특히 정부와 정치권이 국민의 아픔을 이해하지 못하고 국민의 어려움을 외면하고 있다고 생각한다.

현 정부 출범 이래 일어난 여러 가지 사건에 대한 정부와 정치권의 대처는 공감 부재의 민낯을 드러냈다. 세월호 사건의 경우 사고 당시 일부 정부 고위 인사들과 정치인들의 언행은 국민을 실망시켰고, 당 전체의 이미지를 실추시켰다.

전 국민을 공포에 몰아넣었던 메르스 사태, 역사 교과서 국정화 문제와 위안부 피해 보상 문제 등에서도 정부와 여당은 국민의 공감을 얻지 못했다. 이처럼 국민의 공감을 얻지 못한 여러 가지 정책들은 반감의 원인이 됐고 지지 철회로 이어졌다. 또 특별한 지지 정당이 없던 중도 세력의 등을 돌리게 만든 원인으로도 작용했다.

세월호 사건의 슬픔,
누가 보듬어주나

　　세월호 사건은 국민에게 큰 충격을 안겨 주었고 국민적 트라우마로 남았다. 평소 안전점검을 무시했던 선사, 관리감독을 소홀히 했던 당국, 승객 구조를 내팽개친 선장, 관제와 초동대응에 미흡했던 해경에 이르기까지 어느 하나 제대로 작동한 것이 없었다. 그야말로 총체적 난국 앞에 국민의 분노와 슬픔은 상상 이상이었다.

　　이 상황에서 정부와 일부 정치인의 행태는 국민의 큰 반감을 불러일으켰다. 정부 고위직들의 의전 관행, 컵라면 사건, 기념촬영 추태 등이 언론을 통해 공개되면서 국민의 분노가 터져나왔다.

　　국민은 정부와 여당이 사고의 책임소재를 가리는 것을 넘어 진심으로 유가족을 위로하고 슬픔을 보듬어 주기를 바랐다. 국민 전체의 슬픔에 같이 공감해 주기를 기대했다. 하지만 정부와 새누리당은 공감의 '골든타임'을 놓치면서 국민의 마음까지 놓치게 됐다.

김** 세월호 때 굉장히 충격을 받은 게 뭐냐 하면 무능한 건 기본이고 다른 기술적인 기능이 없다 치더라고 배가 기울어졌을 때 유리창으로 아이들이 구명조끼를 흔들었는데 망치만 있었으면 충분히 꺼낼 수 있는 상황인데 그걸 못한 거예요. 이건 정말 무능을 넘어서 뭐가 있냐란 생각이 들었어요. 그 이후부터 보이는 모든 것들이 일률적으로 이해가 되더라고요. 박근혜 대통령의 국민에 대한 마음이 무능력과 쭉 연결되더라고요. 그때부터 마음이 확 변했어요.

장** 세월호 같은 경우에는 방향 설정 자체가 잘못됐다고 생각해요. 왜냐하면 유족들이 원한 건 시스템적인 개선 부분인데 말도 안 되는 대학 보상이라든가 지원금만 주는 식으로 했기 때문에 방향 설정이 미스가 아니었나.

김** 세월호 때도 청와대에 앉아서 안일하게 보고받고, 보고하는 사람들도 무책임한 말만 해대고. 300명씩이나 죽인다는 건 말도 안 되고, 결정적으로 옥시 사건까지.

백** 세월호 때 대통령이 연락이 안됐잖아요. 천재지변이긴 하나 큰 사건인데 연락도 안되고 몇 시간이 어떻게 되어가고…. 이런 일이 자꾸 나오니깐 딱 마음을 접게 되더라고요.

문** 엄청난 재앙이 터졌는데 제대로 책임진 사람이 아무도 없어요. 해양경찰만 책임지고. 뭔가 은폐되는 것 같고…. 그러니 선거에 영향을 미치죠.

강** 잘하겠지, 잘할 거야 하는 믿음이 있었습니다. 허나 세월호 사건 때문에 완전히 마음을 접었습니다. 일처리 과정이 선진국 같지 않고 어떤 일이 중요한지 모르는 것 같다고 느껴져요.

김** 국민의 안전에 대해서는 대통령이 챙겨야 하거든요. 안전문제에 대해서 너무나 무심하고 그래서 몇 명 죽든지 말든지 상관없는 거 같아요.

메르스보다
무능한 정부가 더 무서워

　　세월호 사건 1년 뒤 이번에는 전 국민을 공포에 휩싸이게 만든 '중동호흡기증후군(MERS · 이하 메르스) 사태'가 터졌다. 당시 보건 당국은 메르스의 감염률 및 전염성이 높지 않다고 밝혔으나 첫 확진자가 나온 지 한 달도 되지 않아 감염자가 100명을 넘어섰다. 여기에 메르스로 인한 사망자가 계속 나오면서 전 국민이 메르스 공포에 휩싸이게 됐다. 3차 감염자와 4차 감염자까지 속출하고, 세계적으로 유례가 없던 10대 환자와 임신부 감염자까지 발생했다. 한국 · 세계보건기구(WHO) 합동평가단은 한국 정부가 정보 공개를 늦춘 탓에 초기 메르스 방역 정책의 실패를 불러왔다고 평가하기도 했다.

　　이 사이 정부는 메르스 확산을 막기 위한 적극적인 방역 대책보다 온라인 괴소문을 잡는 데 집중하는 인상을 주었다. 낙타와 접촉하지 말라는 예방 요령으로 국민의 빈축을 사기도 했다. 국민은 감염 사실을 쉬쉬하려는 정부의 폐쇄성에 크게 실망했다고 말했다. 세월호에 이어 또다시 국가 재난 상황에 무기력함을 증명한 정부와 국민을 안심시키려는 노력이 부족한 정부 · 여당에 불만이 쌓이기 시작했다. 메르스 사태 이후 새누리당과 대통령 지지율은 큰 폭으로 하락했다. 이 실망감은 국민의 마음속에 자리잡아 총선까지 영향을 미쳤다.

정** 세월호 때 충격을 받았고요. 작년에는 메르스 때, 뭐가 터지면 걱정부터 되는 거예요. 안전관리시스템이 있다 하더라도 대응하는 게 미숙하고.

문** 세월호나 메르스는 구조적인 문제입니다. 터질 게 터진 건데 수습과정에서 해결되는 게 없으니깐 실망하는 것 같아요 국민이.

김** 정부에 대한 실망은 조금씩 있었어요. 그런데 메르스 터지고 그 뒤에 하는 거 보고 지지를 접었죠.

김** 지금 병원에 근무를 하고 있습니다. 모 대학병원에. 작년에 메르스 때 보니까 뭐랄까. 권세를 누린다고 해야 할까요? 실제로 일선에 와서 한 번은 대통령이 무언가 보여줬어야 하는데 그냥 보여주기식 행사 한 번이 다였죠. 메르스 터지고 병원에 누구 하나 와서 보고간 적이 없어요. 단 한 번도.

역사 교과서 국정화,
누구를 위한 것인가?

　　역사 교과서 국정화는 국민이 공감하지 못했던 대표적 정책 중에 하나다. 2015년 7월, 김무성 대표가 "역사 교과서를 국정교과서로 바꾸기 위한 노력을 하고 있다"며 국정교과서 도입을 천명했고, 교육부 수장인 황우여 교육부 장관 역시 동참했다. 이에 반대하는 서울대학교 역사 관련 교수진들은 반대의견서를 제출했고 역사 교사 2,000여 명의 반대 집회가 열렸다. 독립운동가 후손들과 학부모 1만3,000여 명이 참여한 집회도 열렸다.

　　정부는 철저한 검증을 거쳐 도입하겠다고 발표했지만 국정교과서는 찬반 양측이 첨예하게 대립했다. 도입 지지자들은 '잘못된 역사관을 바로잡는 일'이라며 주장하고 있지만 반대 세력 역시 '다양한 역사관을 무시한 처사' 등으로 물러날 기미를 보이지 않았다.

　　국민은 역사 교과서 국정화가 권력을 유지하기 위한 수단으로 이용되고 있으며, 객관성이 떨어지는 작업이라고 평가했다. 시대의 흐름에 맞게 다양한 시각에서 역사를 볼 수 있어야 한다는 의견도 많았다.

김** 국정교과서 관련해서 서명운동도 하고 집회도 참석했는데 새누리당에서 '우리가 할거야' 이렇게 쭉 밀어붙이더니 결국 됐어요. 도대체 이게 공산당이지 국민의 의견이 뭐가 필요한가 싶더라고요. 자기가 하고 싶은 대로 하는 거죠.

하** 역사 교과서 국정화와 관련해서 집회도 많이 열리고 인터넷에서 반대의 글이 엄청 많았잖아요. 그런데 국민이 생각하기에는 국민은 싹 무시하고 뭐라고 얘기해도 듣지도 않고 아빠 닮아서 그렇다는 얘기를 되게 많이 들었어요.

김** 국민 생각이 이렇게 반대가 심하면 보류하자 이런 의견을 내야 하는데 그냥 곧이곧대로 밀어붙였잖아요. 나는 내 생각대로 할 거야 그런 거죠. 그러면 다른 사람들 의견은 뭐가 돼요. 다양성을 존중하지 않는 거죠.

신** 국사는 어차피 기록에 의존을 많이 하는 거라 이슈가 안 되는데 근현대사 부분에서는 그녀가 주도해서 역사 교과서를 바꾸는 건 아닌 것 같아요.

김** 국정화 교과서는 요즘 세대에 맞지 않는 것 같아요. 세상이 다원화되어 있는데 그것을 다양한 시각으로 보는 것이 맞지, 한가지로만 통일시키면 문제가 있지 않을까요. 요즘 시대에 맞지 않는 것 같아요.

정** 가장 큰 건 국정교과서와 테러방지법이죠. 물론 대통령, 청와대가 주도해 내놓은 정책이지만 입법부의 기능은 행정부의 나팔수가 아니지 않습니까. 테러방지법 같은 경우 법 조항 자체는 문제가 없어 보이지만, 국정원 여론 조작 사건 등 국민의 불신을 얻을 만한 사건이 여럿 터진 기관에 힘을 실어주는 법안을 막지 못한 것은 국민이 보기에 매우 실망스러웠을 것이라 생각합니다. 국정교과서 제작의 경우에는 교과서의 대체 어디가 좌편향이 되어있는지 현황을 제대로 짚지 못하고. 이제라도 이렇게 국민 민심을 살피려는 노력을 하는 것도 개혁을 위한 첫걸음이라 할 수 있겠죠. 국민이 먼저 다가와주길 기다리지 말고 국민에게 먼저 다가와주세요.

위안부 합의,
할머니들 이야기도 들어봤었더라면…

지난해 12월 28일 이뤄진 한·일 정부 간의 위안부 합의는 국민의 '가장 민감한 곳'을 건드린 사건이 됐다. 정부는 위안부 할머니들과 사전 상의 없이 '불가역적' 합의를 발표한 뒤 사후통보 방식으로 할머니들을 설득하려고 했지만 '합의 무효화'를 부르짖는 국민의 반대 여론에 부닥쳤다. 전국 각지에서 동시다발적으로 수요 집회가 열렸고, '평화의 소녀상'도 곳곳에 세워졌다. 일본을 비롯해 미국, 독일, 프랑스 등 해외 동포들도 현지에서 집회를 열어 위안부 합의의 부당함을 호소했다.

정부의 꾸준한 노력에도 불구하고 국민의 반감은 아직 초기와 비슷한 수준이다. FGI에서도 위안부 합의로 인해 새누리당의 지지를 철회했다는 의견이 나왔다.

국민은 일방적 합의, 표면적 합의, 피해 당사자들의 마음을 돌보지 않는 책임감 없는 통보에 부정적인 견해를 나타냈다. 특히 2030세대에서는 피해자 중심이 아닌 합의는 역사를 왜곡하는 사건이라는 강경한 입장을 내놓기도 했다.

이** 위안부 문제 합의는 말도 안 되는 거라고 생각해요. 지금 위안부 할머니들께서 살아계시고 그분들의 의사를 존중하면서 그 의견을 토대로 합의하는 식으로 진행했어야 하는데 대통령하고 아베 정권이 전화상으로 합의했다면서 공개도 안하고 말이죠. 역사적으로 중요한 문제를 너무 단순하게, 그게 사실 위안부 문제로만 끝나는 게 아니라 독도 문제까지 연결될 수 있거든요.

김** 위안부 합의는 하지 말았어야죠. 국가적인 합의는 말이에요. 여론을 계속 국제적으로 조성해야죠. 걔네들이 사과하지 않았으니까요. 독일처럼 사과하지 않았잖아요.

박** 일본과의 위안부 합의도 당연히 피해 할머님들과 대통령의 합의가 먼저죠. 그런데 소통도 안했으니 문제가 됐죠.

허** 위안부 문제도 실제 피해자 국가잖아요. 피해자들이 살아계시고. 용서는 정부가 아니라 피해자들이 하는 것이죠. 피해자가 용납할 수 없는 합의가 됐어요. 배제된 채로 정부간에서 말이죠. 그건 합의가 안된거라고 봅니다.

[거짓 쇼 · 진정성 부재]
06

악어의 눈물은 그만

'선거 위기 〉 반성 〉 사과 〉 다짐 〉 선거 승리'.

그동안 만능 열쇠처럼 여겨지던 새누리당의 '홍보 공식'이 이번 총선에서는 오답으로 판명났다. '미워도 다시 한 번' 새누리당을 지지해 달라는 읍소와 '회초리를 때려 달라'는 간청이 반복될수록 국민의 표정은 굳어졌다. 2014년 지방선거나 재 · 보궐선거 때만 하더라도 새누리당 지지자들은 박수와 환호를 보내며 한목소리로 응원했다. 하지만 이번에는 응원 대신 싸늘한 눈초리와 야유, "정신 차리라!"는 일갈까지 터져 나왔다.

그동안 새누리당 선거 승리의 한 축은 선거를 앞두고 발표한 '공약', 그리고 국민의 눈과 귀를 사로잡는 '홍보'가 맡아 왔다. 야당의 경우 공약보다는 정부 · 여당에 대한 심판이 주를 이루는 네거티브(negative) 전략이 대부분이고, 여당은 정책 및 공약에 대한 소개가 중심인 포지티브(positive) 전략이 일반적이었다.

하지만 이번 선거에서는 새누리당이 '국회심판론'이라는 네거티브 전략을 펼쳤고, 거듭된 읍소와 사죄 퍼포먼스, 1인 피켓시위 등 공감되지 않는 이벤트로 국민에게 피로감을 안겼다. 진정성 없는 쇼에는 '더 이상 속지 않는다'는 국민의 결심이 표심으로 나타났다.

무릎은 이제 그만~
국민은 바보가 아니야

지난 2014년 지방선거를 앞두고 새누리당 주요 당직자들이 서울 광화문 광장에 1인 '무릎 시위'를 펼쳤다. "도와주십시오" "머리부터 발끝까지 바꾸겠습니다" "최선을 다하겠습니다" 등의 문구가 적힌 피켓을 들고 침묵의 호소와 바닥에 머리를 조아리는 행위는 계속됐다. 당 지도부의 이례적인 모습에서 새누리당의 위기감이 묻어났고, 국민은 지도부의 노력을 높이 평가했다. 그 결과 새누리당은 지방선거에서 승리할 수 있었다. 이듬해 열린 재·보궐선거에서도 '성완종 게이트'로 위기에 처한 새누리당의 읍소 전략은 또다시 등장했고, 역시나 호응을 얻어냈다.

이번 총선에서도 비슷한 상황이 펼쳐졌다. 공천 파동을 거쳐 당내 갈등이 고조되면서 여론이 나빠지자 새누리당 지도부는 선거 유세 막바지에 TK 지역은 물론 서울·경기 권역에서 반성 퍼포먼스를 진행했다. 그런데 이번에는 국민의 반응이 예전 같지 않았다. 텃밭인 TK 지역 언론사의 설문조사에서조차 절반에 가까운 응답자가 '한마디로 쇼' '사과할 짓을 왜 하나' '선거 때만 표 달라고 떼쓰는 격'이라는 부정적인 의견을 냈다. 한마디로 '진정성이 없는 거짓 쇼'라는 의견이 지배적이었다.

김**　　마케팅인지는 잘 모르겠는데 총선 때 새누리당에서 "벌 받겠습니다. 때려주세요" 막 그랬잖아요. 무릎 꿇고.

조**　　갑자기 선거철 다가와서 잘못했으니까 무릎 꿇고 그런 모습에서 표를 바꿔준다. 찍어야 될 사람 안 찍는다 이런 건 없는 것 같아요.

김**　　정치쇼라고 봤죠. 잠시 하는 쇼라고 보았고요. 솔직히 정말 하기 싫어하는 것처럼 보였어요. 정말 억지로 한다는 게 티가 났었어요.

김**　　연민을 느낄 거라고 생각하는 거 같은데 그런 판단력은 투표하실 분들이 이미 갖고 계시지 않을까요.

김**　　무릎 꿇고 그러는 건 선거 때만 그렇게 하는 거 아니에요?

김**　　어차피 보여주기 위한 거죠. 사전에 진정성 있는 깨끗하게 개방적인 모습도 보여주면서 그렇게 나갔으면 좀 나았겠죠.

임**　　제일 마음에 안들었던 게 총선 막바지쯤에 이르러서 갑자기 사죄한다고 플레이하는 것들이 가식적으로 보이더라고요.

훅 간다? 했다가
훅 갔다!

이번 총선에서 새누리당의 홍보 전략에 대해서는 국민의 부정적인 의견이 지배적이었다. '개혁'을 메인 테마로 정한 뒤 '정신 차리자 한순간 훅 간다' '알바도 니들처럼 하면 바로 짤린다' 등 국민 네티즌들의 목소리를 차용한 것은 화제를 불러일으켰다. 온라인 홍보 전략에서 야당에 앞선다는 평가까지 받았다.

문제는 다음이었다. 당내 갈등을 비롯해 국민에게 고개 숙이고 사과해야 할 실수들에 대해서도 화제성을 우선시한 것이다. 패러디 영상 '무성이 나르샤'에 대한 국민의 반응은 싸늘했다. 스스로를 희화화시켜 국민의 노여움을 풀고자 한 영상이었지만 불난 집에 부채질한 꼴이 되어버렸다.

4월 7일 공개한 '반다송(반성과 다짐의 노래)' 또한 마찬가지였다. '연가'를 개사해 만든 반다송은 공개 이후 '국민을 너무 우습게 본다' '가장 유치하면서 비극적인 노래' 등 최악의 평을 듣게 됐다.

비단 홍보 전략뿐 아니라 이번 총선에서 새누리당이 내세운 슬로건이나 대표 공약에 대해 국민은 호응하지 못했고, 오히려 불편한 감정을 드러냈다. 불안한 정국, 갈등 상황에서는 유머조차 장난이나 조롱으로 오인될 수 있다는 사실을 간과한 것이다. 많은 국민이 '진심이 전해지지' 않는 광고, 공약이 아닌 '감정 호소에 치우친 홍보'에 싫증을 느꼈다고 답했다.

김**   진심을 유머로 만들어 버리는 동영상이나 노래 같은 거 만들지 말고 직접 행동으로 보여줘. 제발 유권자의 민심을 함 봐. 지금 당신들의 당은 보수가 아니라 수구만 모여 똘똘 뭉친 고집쟁이 단체에 불과해. 당신들이 진짜보수가 되려 한다면 과거의 유물인 수구를 과감히 버려!

황**   이런 이벤트나 기획하고 있고 제대로 된 공약과 제대로 된 인물에는 뒷전이니까 참패했겠죠. 반다송이나 비빔밥 먹기 같은 거 말고 제대로 된 선거 전략을 짜세요. 최소 18대까진 정치 이벤트가 먹혔을지 몰라도 앞으로는 이벤트론 어림없을 겁니다.

현**   지극히 개인적인 의견이지만, 왜 새누리당이 선거 구호가 '죄송합니다'이고 민주당이 '이제는 경제입니다'인지 궁금합니다. 원래 네거티브와 감정에 호소하는 게 야당이고 건설적인 공약과 일하는 여당의 모습이 새누리였는데… 이번 총선에서는 바뀐 거 같았어요.

비**   새누리당의 거짓된 모습도 문제가 큽니다. 화음도 제대로 못 맞추고, 뭘 잘못했는지도 제대로 모르면서 반다송 부르면 많은 국민이 그 모습에 감동해서 미워도 다시 한 번 믿어줄 것 같나요? 그저 보여주기 위한 쇼로 보일 수밖에 없습니다.

공**   새누리당이 의기투합했으면 결과가 달랐을까? 국민의 과반수가 넘는 서민들의 뜻과 삶에 반해서 정책을 꾸리고 있으니 문제지. 또한 언론장악과 언론플레이로 국민의 객관성을 흐트려 놓은 점 또한 상당할 겁니다. 이젠 기성세대들도 인터넷 세대란 걸 명심하세요.

'지지'도 움직이는 거야

이번 총선을 앞두고 정치권에 큰 변화가 감지됐다. 거대 양당 간의 1대1 경쟁 구도가 아닌 야당의 분열로 20년 만에 3당 체제로 선거를 맞이하게 된 것이다. 지난해 연말, 야당의 분열이 현실화되면서 새누리당 지지자들은 마음속으로 쾌재를 불렀다. 야당이 스스로 자멸하는 것으로 보였기 때문이다. 그동안의 역사 속에서 '야권 분열은 곧 여당 승리'라는 경험의 학습효과 때문일까? 당 내부에서는 야당의 분열 조짐에 '과반은 당연, 180석 이상도 가능'이라는 장밋빛 전망이 흘러나왔다. 이어 안철수 의원 등의 탈당으로 신당 창당이 실제로 일어나자 총선 승리는 현실이 된 듯했다. 특히 언론과 정치 전문가들은 야당 분열로 인해 야당 지지층의 표가 흩어지면서 여당이 압승할 것이라는 예측을 내놓았다.

하지만 적극적인 지지를 밝히지 않는 무당파, 중도 · 부동층의 경우 너무 일찍 터뜨린 샴페인에 오히려 새누리당에 반감을 갖기 시작했다. 또 새누리당이 과반 이상 즉, 개헌선을 확보하는 것에 대해 불안감을 느끼는 세력도 생겼다.

이런 분위기를 당 지도층이 적극적으로 환기시켰어야 함에도 내홍을 겪느라 제대로 대응하지 못했고, 결국 총선까지 그대로 유지됐다. 그리고 야당끼리 경쟁해 표가 갈릴 것이라는 예측은 보기좋게 빗나갔다.

20년 만의 3당 구도,
득보단 실

당초 새누리당 내부는 물론 언론과 정치 전문가들 사이에서는 야권 분열이 여당에 유리하게 작용할 것이라는 의견이 지배적이었다. 하지만 야당끼리 경쟁해 표가 갈릴 것이라는 예측과는 달리 실상 뚜껑을 열어 보니 여당 득표가 줄어든 경우가 더 많았다. 지난 19대 총선에서 양당 구도였던 지역구와 이번 총선에서 3당 구도로 치러진 지역구를 비교하면 더민주당의 득표 감소율보다 새누리당의 득표 감소율이 큰 지역이 더 많았다. 결국 3당 구조가 새누리당의 발목을 잡은 것이다.

이번 선거에서 새누리당 지지를 거둬들인 국민의 다수는 국민의당을 선택했다고 밝혔다. 현 정부와 새누리당에 축적된 불만이 폭발하면서 새로운 대안 정당이 필요했는데, 국민의당이 그 니즈를 충족시켰다는 것이 이유였다.

특히 젊은층의 투표율이 높아지면서 기존 정치권보다 새로운 정치세력에 대한 기대가 커졌으며, 이러한 현상은 앞으로도 계속될 것이라는 게 국민의 의견이다. 새누리당 입장에서는 지지이탈층의 마음을 되돌릴 수 있는 변화된 전략이 필요한 시점이다.

김**   양당체제라 서로 싸우게 되는데 어차피 한쪽에서 뭐를 들고 나오면 어느 한쪽은 당연히 반대를 하게 되어 있어요. 우리나라 정치가 계속 그런 식이었는데 제3의 의견이 들어가면 다양성과 견제 세력이 생길 것 같아서 국민의당을 찍었어요.

이**   더불어민주당으로도 많이 가고, 중도 쪽에서도 국민의당 쪽으로 많이 갔으니까 굉장히 손해를 많이 본 거죠. 그러고 보니 돼야 될 사람들이 많이 떨어졌고, 결국은 공천을 잘못한 탓이죠.

이**   국민의당 같은 경우에는 아무래도 기존에 두 개 당이 오래 해왔잖아요. 그러면서 불신이 강해진 것도 있고 해서 일단 속은 셈 치더라도 새롭게 창당한 당을 뽑아보자는 마음에 일단 찍게 됐어요.

김**   이제 점점 가면 갈수록 젊은층이 투표를 많이 할 거예요. 지금 같은 추세라면 기존 정치권보다는 약간 좀 프레시한 느낌이 드는 그런 당을 좀 더 지지하지 않을까.

김**   안철수 대표가 끝까지 더민주와 통합을 안하는 모습을 보였기에 국민의당이 새로운 대안이 될 수 있겠다 싶더라고요. 새누리, 더민주 둘 다 아니라면 조금 더 새로운 당밖에 없었어요.

윤**   거대야당, 여당. 기존의 이런 기득권 세력들이 메인이 되어서 끌고 가는 것 같았어요. 국민의당이 상대적으로 신선하고 때가 덜 묻은 것 같은 느낌이었죠.

임**   변수는 국민의당이었죠. 그들이 없었다면 새누리를 찍었을 겁니다. 이쪽은 더민주에 대한 호감이 적거든요.

PART

4

문제는
우리 안에 있어!

내부에서 바라본
20대 총선은?

이번 총선 결과에 대해 새누리당에서는 대내외적으로 다양한 평가가 이어졌다. 크고 작은 목소리가 불거진 가운데 당 내부 관계자들에게서도 신랄한 비판이 쏟아져 나왔다. 누구보다 가까이에서 모든 진행 과정을 지켜보고 직접 부닥쳐 온 이들이기에 문제의 시작이 어디부터인지, 당장 고쳐야 할 부분은 어디인지, 당의 미래를 위해 해야 할 일은 무엇인지 속속들이 알고 있었다.

제 살을 깎아내기란 결코 쉬운 일이 아니다. 하지만 문제가 생겼을 때 바로 깎아내지 않으면 상처는 점점 더 심해지고 결국 극단적인 처방을 내릴 수밖에 없게 된다. 새누리당 사무처가 이번에 대대적으로 내부 평가를 실시한 이유도 여기에 있다. 지금까지 별다른 대책 없이 방관했던 문제를 객관적으로 진단한 다음 최대한 빨리 봉합해 큰 흉터 없이 새 살이 돋아나게 하기 위함이다.

중앙당 및 시·도당 사무처 당직자가 선정한 '새누리당의 총선 참패 원인'과 '사무처가 선거 준비 과정과 선거 기간 중에 가장 잘못한 일'을 주제별로 낱낱이 분석해 본다.

QUESTION 1

**새누리당은 이번 총선에서 122의석으로 원내 2당이 되었다.
새누리당이 이번 총선에서 참패한 원인은 무엇인가?**

☐ 공천 과정에서의 계파 갈등

☐ 국민과의 소통 부재

☐ 정책 부재(공약, 비전 포함)

☐ 야권 분열에 기댄 안일한 선거 준비

☐ 홍보 실패

☐ 상향식 공천제

☐ 청년 대상 메시지 및 대안 제시 부재

☐ 기타(오만한 이미지, 19대 국회 의정활동 실패 등)

QUESTION 2

**새누리당 사무처와 공조직(각종 위원회)이 선거 준비 과정과
선거 기간 중에 가장 잘못한 일은 무엇인가?**

☐ 공관위의 행태 및 공천 전반

☐ 대표 공약 부재 및 홍보 실패

☐ 사무처의 적극적 기획 및 행동 부족 등

☐ 직능 등 조직 구성 자체의 문제 및 조직 비활성화

☐ 비효율적 의사결정 구조 및 집단지도체제

☐ 업무 떠넘기기 및 업무 편중

☐ 여론조사 맹신

(많이 언급된 답변순으로 정리)

자승자박(自繩自縛)_계파 갈등

공천 파동의 쓰나미, 모든 것을 집어 삼키다

계파 갈등의 조짐은 공천관리위원회 구성에서부터 시작됐다. 공관위는 후보 선정의 전 과정을 공정하고 매끄럽게 진행해야 한다. 그 때문에 누가 수장이 되고, 어떤 위원들로 구성되는지가 매우 중요하다. 그런데 이 단계에서부터 새누리당 내 계파 간 갈등이 불거졌다. 서로 자기 입장을 내세우면서 질질 끌다가 결국 막바지에 가서 타협 아닌 타협을 하게 됐다. 얼렁뚱땅 구성된 공관위는 이한구 공관위원장을 비롯해 대부분의 공관위원들이 친박 중심으로 이뤄졌다. 위원들의 자질도 대내외적으로 도마에 올랐다.

공관위 구성과 관련해 새누리당 사무처 내부에서도 상당수가 문제점을 인식하고 있었다. 하지만 계파 갈등이 첨예하게 대립하면서 총대를 메고 문제점을 지적할 사람도, 해결할 수 있는 구조도 만들어져 있지 않았다.

공천이 계속 지연되면서 당내 모든 조직과 대응능력이 마비되고, 본격적으로 선거 준비에 돌입해서도 각각의 과정들이 유기적으로 진행되지 못했다. 선거 전략을 진두지휘해야 할 사무총장 등 핵심 라인이 공천 정국에서 빠져나오지 못하면서 내부 조직은 우왕좌왕했다.

그뿐만 아니라 당내 계파 갈등이 연일 언론을 통해 전달되면서 총선을 통해 국민에게 전달하고 싶었던 다짐이나 공약은 모두 묻히게 됐다. 국민에게 진심을 전달하고 싶어도 매일 막장 드라마가 연출되는 상황에서는 '뭐라는 거냐'라는 싸늘한 반응만 되돌아올 뿐이었다.

계파 갈등에서 비롯된 공천 파동이 너무나 큰 이슈로 자리 잡으면서 다른 이슈들은 국민과 언론의 시선을 끌지 못하고 뒷전으로 밀렸다. 공천 갈등은 결국 국민에겐 실망을, 새누리당에는 총선 패배를 불러온 가장 큰 원인이 된 것이다.

· 계파 갈등으로 공천관리위원회 구성조차 제대로 이뤄지지 못했다. 이후 공천 과정에서 특정 인물 찍어내기, 특정 계파 솎아내기가 만연했고, 국민과 언론 모두가 이를 우려하고 만류했지만 공관위장, 외부 위원들은 공천 학살을 강행했다. 공천을 심사한 외부 공천위원들의 자질이 심각히 의심된다.

· 지도부의 선거 총괄 및 지휘 기능이 완전히 상실됐다. 당내 화합도 안 되는 상황에서 선거운동 기간 내 국민에게 지지를 호소하는 이벤트는 진정성 없는 '촌극'으로 전락하고 말았다.

· 특히 당의 텃밭인 대구의 한 지역구 공천의 경우 계파 갈등의 정점으로 국민의 폭발적인 관심을 받았고, 이 과정에서 특정 계파의 불합리한 행태를 질타하는 분위기도 있었다.

· 공천 자체의 잘잘못을 떠나 그 과정에서 공관위 안을 찬성하는 쪽과 반대하는 양쪽의 언론플레이가 국민의 피로도를 높였다. 한 정당에서 이뤄진 공천이라면 결과에 하나의 목소리가 나와야 함에도 불구하고 우리 스스로가 공천을 폄훼하는 인상을 주었다.

· 지역구 후보 공천 갈등이 첨예화되면서 비례대표 후보 선정은 구태의연한 '밀실공천'으로 전락하고 말았다. 매일 좁은 회의실 안에서 비슷한 성향의 사람들이 만나는 전체회의가 장시간 지속되었고, 공천위원들은 근거 없는 낙관론에 빠진 것으로 보였다.

· 당을 대표하는 비례대표 후보 공천은 매우 실망스러웠다. 앞 순위의 비례대표는 당의 정체성을, 그 뒤는 직능조직의 대표로 당 득표율을 높이기 위해 관련 단체 등을 찾아야 했다. 하지만 직능 대표들의 활약은 부족했고, 국민의 공감을 얻지 못했다.

· 공천이라는 중요한 업무를 담당하는 공천관리위원회가 시스템에 의한 하향식 공천을 하지 못했다. 상향식 공천의 장단점과 개선방안에 관한 토론은 이미 당 내외에서 활발히 이루어지고 있지만 '하향식 공천'을 어떻게 운용할 것인가에 대한 토론도 필요하다.

자승자박(自繩自縛)_국민과의 소통 부재

국민 목소리에 귀 닫은 청와대 바라기

불통의 정부, 국민 공감 없는 정책 등에 대한 국민의 실망감이 도를 넘었다는 것은 당내에서도 감지되고 있었다. 이것은 단순히 정부만의 문제는 아니었다. 새누리당이 여당의 역할을 제대로 하지 못한 데 대한 책임이 컸다.

당·청은 기본적으로 혼연일체의 관계여야 하지만 때로는 긴장관계도 필요하다. 정부가 국민의 뜻과 반대로 가면 당은 국민의 뜻이 무엇인지 정확히 전달하고 정부의 방향을 제대로 이끌어야 한다. 하지만 청와대와 당이 수직적인 관계가 되면서 국민은 '정부나 새누리당이나 똑같다'고 생각하고, 여당을 '하청 정당'으로 여겼다.

집권 2년차에 들어서면서 연이은 인사 실패와 문건 유출 사건 등으로 국민 여론이 악화되자 당은 비판의 목소리를 내기도 했다. 하지만 대통령의 배신의 정치 심판 발언 이후 당은 견제의 기능을 완전히 상실했다.

세월호 사건과 메르스 사태에서의 미온적인 정부 대처와 담뱃값 인상, 테러방지법, 노동개혁, 역사 교과서 국정화 등과 관련해서 국민의 불만은 점점 쌓여가는데도 당은 입을 꼭 다물고 있었고, 오히려 청와대의 국회 출장소처럼 일했다.

당 내부에서도 '이래도 괜찮을까?' 하는 불안감이 퍼졌고, 정권 탄생에 일조한 일원으로서 자괴감과 회의감을 느끼고 있었다. 사무처 실무자들은 삼삼오오 모여 불만을 토로하기도 했지만, 분위기에 짓눌려 공식적인 비판이나 문제제기를 하지 못했다.

그 결과 현 정부의 실패는 당의 실패가 되었고, 실망한 국민은 투표로 심판했다. 국민 목소리에 귀를 닫고 청와대만 바라보는 정당은 외면받을 수밖에 없었다.

· 뒤늦게 흐트러진 민심을 수습하기 위한 노력을 기울였으나 이미 노출된 당내 분열과 대립, 권력 대결 양상으로 인해 새누리당에 대한 국민의 피로감, 실망감과 반감은 더욱 높아졌다.

· 경제는 어렵고 취직은 안 되고, 이렇게 미래가 불안한데 갑자기 역사 교과서, 누리과정 논란이라니….

· 공론화, 여론 수렴, 동의와 설득 과정 없이 노동개혁을 일방적으로 추진했다. 개혁에 공감하지만 쉬운 해고 논란으로 국민 공감대 형성에는 실패했다.

· 세월호, 메르스, 가습기 살균제 등으로 불안해 하는 국민을 안심시켜 줄 노력이 절대적으로 부족했다.

· 공무원연금법, 노동개혁법 등 청와대에서 하달된 법안 처리에 급급해 '하청 여당'으로 전락했다.

자승자박(自繩自縛)_정책 부재

핵심 공약도, 선거 전략도 없었다

20대 총선에서 새누리당의 공천은 한마디로 블랙홀이었다. 어떤 조직이든 지도부의 리더십 아래 하나의 목표로 역량을 집중해야만 제대로 된 전략이 나오고 성과가 발현되기 마련이다. 하지만 선거의 첫 포석이라 할 수 있는 공천이 헤어나올 수 없는 블랙홀이 되면서 공약을 비롯해 선거의 모든 과정이 뒷전으로 밀려나 버렸다.

내부 의사결정시스템도 엉망이었다. 선거에서는 1차적으로 정책위원회가 공약을 마련하면 홍보파트, 전략파트, 정책파트가 모여 달성 가능한 공약을 뽑아내고 다수의 의견을 모아 대표 공약을 선정하게 된다. 국민의 관심사와 이슈를 짚어내 '어떻게 하면 국민에게 더 가깝게 다가갈까' '가장 효과적으로 알리는 방법은 무엇일까' 머리를 맞대고 고민해야 하는데 이번 총선에서는 그런 과정이 제대로 이루어지지 않았다.

가장 큰 원인은 공천 파동 때문이었다. 첫 관문이 꽉 막히면서 모든 조직이 할 일을 제대로 하지 못했고, 유기적 협업체제도 무너져 내렸다. 홍보본부의 독단적인 업무 진행도 큰 걸림돌이 됐다. 사무처 내부의 모든 역량을 결집시켜 만들어내고 발표해야 할 공약을 홍보본부가 독자적으로 만들고, 그 공약만 홍보한 것도 문제였다. 홍보본부가 만든 특정 공약은 사무처 내부에서는 물론 후보자들도 내용을 이해하지 못했다. 국민의 반응은 예상대로 냉랭했다. 정책과 전략을 따라가야 하는 홍보의 기본 원칙이 무너진 결과였다.

경제에 대한 불만이 매우 큰 상황에서 국민의 요구는 일자리와 경제에 있었음에도 불구하고 여당으로서는 생뚱맞은 '야당심판론'을 들고 왔다. '뛰어라 국회야'라는 슬로건은 책임져야 하는 여당이 남 탓만 하고 있다는 느낌을 주었다. 당내에서도 이 문제는 이미 수차례 지적되었지만 당의 의사결정시스템이 무너지면서 홍보본부가 주장한 '뛰어라 국회야'가 메인 슬로건이 되고, 선거 홍보는 여기에 집중되었다. 결국 전략과 홍보가 따로 놀면서 핵심 공약도, 선거 전략도 부재한 어처구니없는 선거를 치르게 됐다.

· 여당의 한계가 있겠지만 선거 전체를 이끌어 갈 정책 공약 어젠다가 없었다. 새누리당의 핵심 공약에 대해 당 사무처에서도 자신 있게 답할 사람이 거의 없을 것이다.

· 우리가 국민에게 무얼 해주고 싶고 무얼 해줄 수 있는지에 대한 명확한 메시지가 없었다.

· 공약본부의 정책 공약과 홍보본부의 홍보 공약이 뒤섞여 뭐가 뭔지 알 수 없었다. 국민의 시선을 확 끄는 대표 공약도 없었다.

· 부족한 공약이라면 포장이라도 잘 했어야 했다. 정책, 홍보 라인의 협조 부족으로 모든 게 중구난방이 되면서 국민에게 전달되지 못했다.

자승자박(自繩自縛)_안일한 선거 준비

야당 분열과 엉터리 여론조사
세상에서 김칫국을 마시다

야권이 분열되면서 새누리당은 축제 분위기로 바뀌었다. 야권 분열이 새누리당의 호재로 작용할 것이라는 여론이 일면서 일찌감치 승리의 분위기에 도취된 사람도 많았다.

하지만 당 내부에서는 선거 초중반부터 국민의당으로 표심이 이동하는 것을 감지하고 있었다. 더민주당 표가 국민의당으로 이동하는 것이 아니라 새누리당에 실망한 지지층들이 국민의당을 대안으로 선택하고 있었다. 전략회의에서 그런 우려의 목소리가 제기되기도 했지만 대다수는 여전히 야권 분열은 여당의 호재라는 신화를 붙들고 있었다. 결국 새누리당은 지지층이 떠나가는 줄도 모르고 김칫국을 마시고 있었다.

엉터리 여론조사를 믿었던 것도 잘못이었다. 여론조사 결과를 자세히 들여다보면 분명히 함정이 있다는 것을 알 수 있었다. 전체 층에서는 많은 지역에서 이기는 것으로 나왔지만 '반드시 투표층'에서는 상대방과의 격차가 좁혀져 있거나 오히려 결과가 뒤바뀐 곳이 많았다. 그런 점을 잘 파고들었어야 했다. 하지만 겉으로 드러난 결과만을 믿고 방심했고, 결과는 패배였다.

여론조사 결과 수치만 보고 판세를 분석하는 것은 위험하다. 지역별로 현장 상황을 정확히 체크하고, 어떤 문제가 일어나고 있는지, 현장에서의 흐름은 어떤지를 파악한 다음 여론조사를 참고자료로 활용해야 실제에 가까운 판세 분석이 나오기 마련이다. 하지만 이번 총선에서는 이런 과정이 거의 이루어지지 않았다.

막장 공천과 영혼 없는 하청 정당으로 전락해버린 당에 국민이 염증을 내는 상황에서 국민 마음에 잠시라도 감정이입을 해봤다면 엉터리 여론조사와 야권 분열에 기댄 안일한 선거 준비를 하지는 않았을 것이다.

결국 이번 총선의 대패는 '선거 결과는 구도나 수치가 아닌 국민의 마음에 달려 있다'는 기본을 망각한 새누리당이 자초한 것이라 할 수 있다.

· 20대 총선이 시작되기도 전 중앙 지도부, 후보, 사무처, 보수 지지층 등 모두의 마음속에는 '설마'라는 생각뿐 위기감을 감지하지 못했다. 게다가 불리한 상황에서도 지난 모든 선거를 승리했다는 '자만'까지 '설마'에 한몫했다.

· 김종인의 우클릭 행보와 안철수의 국민의당이 우리 당을 지지해 왔던 중도층을 잠식했다. 그런데도 위험 여부를 감지하지 못한 채 '노동개혁'과 '역사 교과서 국정화' 등 보수층에 의존하는 정책으로 중도층 이탈을 가속화시켰다.

· 야권 분열에만 기대는 전략 외에 왜 새누리당을 지지해 주셔야 하는지에 대한 메시지나 전략은 찾아볼 수 없었다.

· 유선전화 중심인 각종 언론사 및 여의도연구원 여론조사에 대해 맹신한 것이 문제다.

자승자박(自繩自縛)_청년 메시지 부재

영혼 없는 청년 정책에 청년공감 제로

20대 총선의 열쇠는 청년층이 쥐고 있었다. 그동안 정치에 무관심했던 청년들이 현실에 대한 분노를 안고 투표장으로 향했다. 중앙선거관리위원회에 따르면 이번 총선의 20대 투표율은 19대에 비해 9%포인트 이상 상승하며 52.7%의 투표율을 기록했다. 합리적이고 깨어 있는 청년 유권자는 이제 선거의 향방까지 결정할 수 있는 주요 계층이 된 것이다.

인터넷에는 헬조선, 흙수저, 노오력 등 청년이 처한 절박한 상황을 냉소하는 단어들로 넘쳐나고 있다. 청년실업 문제와 공정하지 못한 사회에 대한 분노가 곳곳에 쌓여 가고 있다. 청년들은 새누리당을 재벌 편, 기득권, 악의 무리로 인식하고 있는 것으로 나타났지만, 새누리당은 이를 개선하기 위한 노력을 하지 않았다. 노력은커녕 당 지도급 인사의 청년 중동 진출, 아르바이트 등 개념 없는 발언들로 청년의 분노에 기름을 부었다.

청년들은 이런 새누리당의 태도에 심한 반감을 갖고 있었다. 당은 선거 때만 되면 반짝 이벤트를 열고 구호성 공약을 외치며 청년 비례대표 공천으로 청년의 지지를 호소해 왔다. 이러한 당의 진정성 없는 접근에 청년들은 전혀 공감할 수 없었고, 새누리당을 외면하게 됐다.

새누리당은 책임 있는 정부·여당으로서 청년 문제 해결을 위한 타당하고 합리적인 정책을 내놨어야 했다. 해결 방안을 찾기 위해 당사자인 청년들을 지속적으로 만나고 그들의 이야기에 귀를 기울여야 했다. 하지만 새누리당은 과거 시대의 기준으로 정책을 만들고 일방적으로 따르라고만 했다. 특히 노동개혁의 경우, 정부와 당은 청년 일자리 정책이라고 했지만 당사자들은 비정규직만 만들어내는 것이라고 평가했다.

내부에서는 앞으로 새누리당이 청년의 지지를 받으려면 무엇보다 '가치의 전환'이 이루어져야 한다고 입을 모았다. 구호성 정책을 외치고, 청년 비례대표 공천을 한다고 등 돌린 젊은 유권자가 새누리당으로 돌아오는 것이 아니라는 것이다. 당이 기득권층, 부자들의 편이 아니라 서민과 사회적 약자의 목소리에 귀 기울이고 실효적인 청년 정책을 지속적으로 추진해야 한다.

· 청년층의 고단함과 생존위협에 대한 두려움을 캐치해서, 집권당으로서 현실적인 대안을 내놓았어야 했는데, 그런 구체적인 대안이 눈에 띄지 않았다.

· 여성, 청년, 청소노동자 등에 대한 고위급 지도자들의 발언들은 정부와 당이 그들에 대한 관심이나 애정이 없는 것처럼 느껴지게 했다. 특히 청년 해외진출·아르바이트 등에 관한 발언은 청년들의 시각과 너무 거리가 멀었다. 특정 지역에 판로를 개척하는 국가적 목표를 위해 청년을 수단으로 이용한다는 느낌을 주었다.

· '경제는 보수당' 이라는 당의 장점마저 의심되는 사항에서 선거 전선에 돌입했다. '청년 실업'이라는 중대한 경제문제의 해결책을 제시하지 못하고, 야당의 정치공세를 막는 정치구호만으로 활용했다.

자승자박(自繩自縛)_사무처 기획 · 행동 부족, 조직 문제

사무처의 강점을 무너뜨린 부서 이기주의

    새누리당은 그동안 여러 차례 큰 고비를 겪었지만 그때마다 당 조직과 시스템을 혁신하며 위기를 극복해 왔다. 사무총장을 비롯해 전략본부, 홍보본부 등 당내 각 조직들은 현안에 대한 각자의 목소리를 가감 없이 내왔고, 부서 간에도 유기적인 협업이 진행돼 왔다. 특히 선거준비 기간에 돌입하면 당 지도부는 선거대책위원회 체제로 빠르게 전환되었고, 국 · 실의 모든 조직이 선거업무 중심으로 재편됐다. 선거대책위원회 아래 본부체제가 가동되고, 종합상황실에서 전국 곳곳의 선거 관련 모든 내용을 취합하고 점검해 그날그날의 판세를 분석했다. 선대위는 종합상황실의 보고에 맞춰 메시지와 전략을 최종 결정하고 각 선거본부들이 실제로 대응해 왔다.

    하지만 4 · 13 총선 때는 이런 조직과 협업 시스템이 무너졌다. 각 당원협의회 조직과 시 · 도당을 통해 올라온 목소리가 선거 과정에서 공약 홍보, 전략 수립의 기초자료가 되고 선거 관련 회의에서 최종 결정돼 다시 지역과 현장으로 전파되는 선순환 구조가 무너진 것이다.

    선거운동 현장에서 뛰고 있는 당원들과 지역의 목소리는 당 지도부와 선거 관련 부서에 제대로 전달되지 않았다. 보고를 하지 않는 경우도 있었고, 제출된 보고서가 채택되지 않거나 관련 부서들로 전파되지 않는 사례도 있었

다. 끊임없는 공천 논란에 모두의 눈과 귀가 파묻혀 버린 것이다. 이슈 대응도 당연히 엉망이었다.

선거준비 기간 사무처 내부에서는 이기주의가 팽배하고, 부서 간 칸막이는 높아졌으며 유기적인 협업 시스템은 기대할 수조차 없었다. 쓰나미처럼 당을 휩쓸어 버린 공천 갈등으로 인해 국민에게 비전과 방향을 제시해야 할 지도부, 함께 힘을 합쳐 일해야 할 사무처 당직자들 모두가 휘청거렸고, 결국 '새누리당'이라는 조직의 목적과 존재 이유까지 쓰나미 속으로 떠밀려가 버렸다. 이러한 내부 조직의 불협화음은 결국 총선에서 쓰디쓴 패배로 돌아왔다.

· 선거 프레임, 정책 어젠다, 공천 및 인재영입 콘셉트 등의 통합적 전략 부족으로 인해 중앙당 사무처가 선거 전체를 이끌어가지 못했다.

· 선거기간 중 국실별 업무 편중이 너무 심했고, 적재적소에 인원이 배치되지 않아 어려움을 겪었다. 타 부서에 업무 협조를 요청하면 불만을 표출하는 등 부서간 이기주의도 심했다

· 의사결정구조가 아주 비효율적이었다. 신속하지 못했고, 수용성도 부족했다. 그러다보니 당무가 지연될 수밖에 없었고, 결국 선거에까지 지장을 주게 됐다. 최악의 의사결정시스템 때문에 공조직으로서의 시스템이 완전히 붕괴됐다.

· 집단지도체제도 문제였다. 이를 합리적으로 운영할 수 있는 리더들이 부족했고, 대표 권한이 약해서 사무처가 중심을 잡기 힘들었다.

당내 경선 참가자 인터뷰
새누리당 경선, 무엇이 문제였나?

국민이 선거에서 '어떤 후보가 우리 지역을 위해 열심히 일할 수 있을까' 고민하는 것처럼 당에서는 '어떤 사람을 우리 당 후보로 내세워야 국민의 선택을 받을 수 있을까' 고민에 고민을 거듭한다. 새누리당은 '국민이 직접 뽑는' 후보를 내세운다는 취지 아래 최초로 '상향식 공천제'를 내세웠다. 지역구 후보의 경우 해당 지역 국민과 당원의 의견을 최대한 반영해 후보를 결정한다는 의도였다. 이를 위해 실제 선거 전 대규모 전화조사를 통한 여론조사가 진행됐다. 100% 일반 국민을 대상으로 할지, 당원을 일정 비율 포함시킬지는 경선 후보자 간의 합의를 통해 결정하도록 했다.

우여곡절 끝에 공천 결과가 발표됐고, 후보자 간에 희비가 엇갈렸다. 납득할 수 없는 결과라며 반발하는 지역도 상당수였다. 여론조사 과정이 불투명했고, 결국 지도부 뜻대로 밀어붙인 공천이었다는 불만도 제기됐다. 공천 잡음은 선거에도 직접적인 영향을 미쳤다. 당초 의도대로라면 비록 떨어진 후보자일지라도 본선에서는 힘을 합쳐 당을 승리로 이끌어야 했지만 그런 '아름다운 화합'은 보이지 않았다. 자세한 문제를 들어보기 위해 실제 경선에 참가했던 후보자들을 만나 1:1 심층 인터뷰를 진행했다. 그들이 전하는 공천 과정의 문제점과 개선사항을 들어 보자.

"

현직 의원 100% 재공천,
5석 잃었다!

"

"부산 지역은 공천 경선이 특히 치열했던 지역이다. 경선에서의 승리가 본선의 승리로 이어진다고 확신하는 지역이기 때문이다. 그런데 이번 부산 지역 경선에서는 현직 의원이 전원 재공천됐다. 여론조사를 통한 경선은 인지도 차이에서 현직 의원에게 훨씬 유리하게 작용했다. 결국 새로운 인물 없이 본선을 치른 부산은 더민주당에 5석을 내주며 선거를 마무리했다. 여론조사의 불확실성과 현직 의원에게 유리한 경선 방식이 참패를 낳았다는 의견이 지배적이다. 진박 마케팅도 부정적인 결과에 한몫했다."

Q 이번 공천 경선에 대해 어떻게 생각하나

A 준비되지 않은 상황에서 무리하게 상향식 공천제를 진행한 것 같다. 새누리당은 공당(公黨)이다. 단수 공천해야 할 곳은 처음부터 당당하게 1명의 후보를 내세우고, 경선이 필요한 지역은 최대한 빨리 경선을 진행해야 한다. 상향식 공천제 때문에 본선 준비보다 경선 준비에 더 애쓰는 분위기였다. 경선 과정 자체가 현직 의원들에게 유리한 방향이었다는 것도 문제다.

**Q 투명성을 높이기 위해 채택된 경선 과정이다.
어떤 점에서 현직 의원들에게 유리했나**

A 이번 경선은 100% 여론조사로 결정됐다. 이러한 여론조사 방식은 신인 후보자들에게 굉장히 불리하다. 당원 여론조사의 경우, 당원들이 현직 의원들의 영향을 많이 받기 때문에 그들을 지지할 수밖에 없고, 국민 여론조사의 경우에는 인지도에서 현격한 차이가 있어 신인에게 불리하다. 특히 일반인들을 대상으로 조사하면 이름이라도 들어 본 사람을 선택하기 마련이다.

Q 또 다른 문제는 없었나

A 신인들의 입장에서 보면 예비후보 기간이 너무 짧다. 현직 의원, 당협위원장은 경선에서 막강한 위치에 있다. 시의원·구의원들이 현직 의원을 위해 발 벗고 나서니. 현직 의원과 신인 후보의 경쟁은 프로와 아마추어의 경쟁이다. 그걸 공정하다고 볼 수는 없지 않나. 당협위원장을 최소한 경선 6개월 전에는 내려놓게 하고, 모든 후보가 예비후보에 등록해 공평하게 경선에 임하도록 해야 한다.

Q 이번 부산 선거 결과는 어떻게 분석하는가

A 만약에 새누리당이 부산에서 신인 후보 5명을 내세웠다면 더민주당이 5석까지 가져갔겠나? 이젠 국민도 다 안다. 하루 종일 종편을 보는 분들도 있다. '부산 현직 의원 100% 공천'이라고 떠들어대니 인식이 안 좋아진 것이다. "100% 현역이 다 이겼어? 그러면 우리가 투표로 바꿔줘야지" 하고 야당을 찍은 것이다. 더민주당 5석은 전혀 예상치 못한 결과다. 어느 지역이든 물갈이 없이 현역을 재공천한다는 것은 국민에게 부정적인 인식을 줄 수 있다.

Q 진박 마케팅은 어떤 영향을 주었나

A 하도 '진박, 진박' 해서 새누리당이 졌다고 말하는 사람들도 있다. 실제로 국회의원이 된 사람 중에 친박이 많고, 떨어진 사람 중에 비박이 많다. 그런데 박근혜 대통령이 좋아서 새누리당을 찍는 사람들한테 진박 마케팅이 무슨 소용이 있나? 어차피 찍을 텐데. 하지만 당을 보고 찍은 사람들은 입장이 다르다. "어? 새누리당이 이렇게 나와?" 하면서 돌아선다. 그래서 친박들은 많이 당선되고, 비박들은 피해를 본 것이다.

Q 경선 여론조사에 대한 생각도 이야기해 달라.
일부 후보자들은 신뢰성을 문제 삼기도 했다

A 문제를 제기할까 하다가 하지 않은 것이 있다. 여론조사를 하면 주변에서 반응이 온다. 2,000명을 대상으로 여론조사를 하는데, 이는 지역구 유권자 전체 인구의 100분의 1 정도다. 그런데 이상하게 1차 조사에서 전화받은 사람이 2차에서 또 받았다는 경우가 많다. 전화를 받을 확률이 100분의

1인데, 두 번이나 전화를 받다니… 이것이 여론조사기관의 문제든, 1차 모집단 구성의 문제든 상관없이 이러한 여론조사는 경선에 대한 신뢰를 깨뜨린다.

Q 당원 여론조사는 어떠했나. 당원 명부는 받아보았나

A 당원 명부에도 문제가 많았다. 연락이 안 되는 사람, 그 지역에 거주하지 않는 사람, 심지어 당원인지 스스로 모르는 사람도 있었다. 당원 명부의 정확성에 대해 신뢰하기 어려울 뿐만 아니라 내용도 부실하다. 전화번호는 안심번호로 뜨고 이름의 한 글자는 숨겨져 있으니 어떤 사람인지 모르고 무작정 전화하는 것이다. 당원으로서의 자격이 없는 사람도 많았을 것이다.

**Q 그러면 경선 여론조사에 당원을 30% 포함시키는 것이
무의미했다는 건가**

A 당원 30%, 일반 70%로 하되 당원에 대한 정보를 후보자들에게 개방하는 방향으로 가야 한다. 당협위원장은 이미 당원에 대한 상세하고도 정확한 정보를 갖고 있다. 중앙당 지시로 당원 전수조사를 실시해 당원의 주소, 직업 등을 알고 있다. 현역 의원실에서도 그 정보를 갖고 있다. 경선 후보자 중 누구는 알고, 누구는 모르는 것은 형평성에 어긋난다.

**Q 여론조사가 불공정하다면,
어떤 방법으로 경선을 치르는 것이 정당하다고 생각하나**

A 이상적으로는 오픈프라이머리, 현장투표가 맞다. 여야가 같은 날 현장투표로 경선을 치르는 것이 가장 이상적인 방법이다.

Q 오픈프라이머리를 실시하지 못한 것은 야당과의 관계도 있지만
관리의 문제가 크다. 돈봉투나 유권자 동원 문제 등에 대한
우려가 있기 때문이다.
이러한 문제가 해결된다면 현장투표를 하는 것이 맞다고 보나.

A 여론조사만으로 경선의 신뢰성을 얻기는 어렵다. 일반 국민도, 후보자
들도 납득하기 어려울 것이다. 30% 정도 비율은 현장투표, 나머지 70%는 여
론조사를 하는 것이 좋다고 생각한다. 상황에 따라 전략공천도 필요하다. 단
수공천할 수 있는 곳은 당에서 과감히 결정해야 한다.

Q 경선을 해야 하는 지역과 단수 추천을 해야 하는 지역을
어떤 기준으로 구분할 것인가

A 본선에서 야당과 치열하게 경쟁해야 하는 수도권에서는 단수 추천해
서 본선에 집중하도록 하는 것이 맞다. 거물급 인사들을 수도권에 투입할 필
요도 있어 보인다. 새누리당 열세 지역인 호남도 단수 추천이 맞다. 새누리당
이 우위에 있는 영남은 경선을 하되, 일부 지역구는 물갈이 차원에서 신인을
공천하는 것이 바람직하다.

Q 경선 과정은 어떻게 바뀌길 바라나

A 다음 총선에서도 이렇게 여론조사 방식을 고수한다면 승산이 없다. 기
본적으로 사전 준비를 많이 해서 조금 더 일찍 경선을 치러야 한다. 만약 현
장투표가 도입된다면 그 제도를 소화할 수 있는 준비도 해야 한다. 지금 경선

룰 자체는 현직 의원에게 유리할 수밖에 없는 구조다. 보다 공정한 방식의 경선을 통해 신인이 현역을 이긴 사례가 지역마다 하나씩은 있어야 할 것 같다. 특히 이번 경선에서 현역이 모두 이긴 부산은 '기득권을 지키는 정당'이라는 인식을 줬다.

Q   **여론조사 방식에서 바뀌어야 할 부분은 없나**

A   당이 경선 여론조사 결과를 공개하지 않았다. 후보자 모두 이에 합의했지만, 이는 당의 권유를 받아들인 것뿐이다. 여론조사 결과를 공개하지 않고 최종 결과만 알려주는 것은 옳지 않다. 일반인들 기준에는 뭔가 떳떳하지 못하니까 공개하지 않는 것이 아닌가 생각할 수 있고, 후보들도 막연히 의심할 수 있다. 경선 여론조사 결과를 새누리당 홈페이지에 공개할 때 여론조사 결과, 가산점 등을 투명하게 공개해 모두가 인정하도록 만들어야 한다. 그러면 여론조사가 공정하게 진행됐다고 믿을 것이다.

"

당원 배제한 경선,
지역 민심 잃었다!

"

"대구는 전통적으로 보수 성향이 강하고, 대통령에 대한 지지층이 탄탄한 지역이다. 그럼에도 불구하고 이번 총선에서 31년 만에 야권 후보자가 당선됐다. 결정적인 패배 원인은 공천 때문이다. 이미 결정된 공천 방식을 번복하면서 유권자에게 신뢰를 잃었다. 당원을 투표에서 배제한 것도 반응이 좋지 않았다. 여론조사로 후보자를 결정하려면 개선돼야 할 부분이 있다. 여론조사가 언제 이루어지는지 후보자들에게 미리 공지하고, 결과도 투명하게 공개해야 한다. 그래야 공천 과정에 대한 신뢰가 생길 것이다."

Q 새누리당이 4·13 총선에서 패배한 가장 큰 원인을 무엇이라고 보나

A 한마디로 공천 때문에 졌다. 공천의 전 과정이 당원과 유권자에게 실망을 줬다. 사실 선거 전에 당원 명부, 안심번호 등 많은 논란이 있었다. 이러한 논란을 거쳐 룰을 정했는데, 제대로 밀고 나가지 못했다. 싸우고 지지고 볶아서 룰을 만들었으면 룰을 따르는 것이 맞다. 친박, 친이, 주류, 비주류의 문제가 아니다. 정해진 룰을 제대로 따르지 못하니 당원들과 국민이 의아하게 생각할 수밖에 없다. 룰을 지켜내지 못한 당의 책임자들이 문제다.

Q 국민공천제를 지켜냈어야 한다는 의미인가

A 국민공천제를 해야 한다는 것이 아니라 국민공천제를 하기로 했으면 그 결정이 지켜졌어야 한다는 의미다. 공천제를 정하는 과정에서 많은 문제가 우려됐지만, 어쨌든 결정하지 않았나! 6월부터 지역구에 가서 사무소를 차리고 활동하며 책임당원들을 가입시키기 위해 엄청나게 노력했다. 책임당원은 선거 6개월 전에 가입시켜야 하지 않나. 열심히 활동하는 책임당원을 2,000명 가입시켰다. 1명 가입시키는 것도 어려운데 2,000명을 가입시켰으니 어땠겠나. 그런데 하루아침에 책임당원 투표가 물 건너갔다. 집권 여당의 약속을 믿고 순수하게, 순진하게 임했는데 뒤통수를 맞았다. 국민이 보기에도 이해할 수 없었을 것이다.

Q 대다수 지역에서 경선 여론조사가 일반 국민 100%로 진행됐다. 당원 30%를 반영하지 않았던 것이 지역에서 영향이 있었나

A 안심번호에 기반한 당원 명부가 정확하지 않았다. 이런 문제가 생기니 신뢰가 무너졌다. 30:70의 비율을 따지는 것이 무의미해진 것이다.

Q 당원 명부 받아보았나. 어땠는가

A 80% 정도 맞는 것 같았다. 그런데 일반 국민 대상 여론조사를 해도 번호가 맞지 않는 것이 부지기수다. 여론조사라는 제도가 갖는 근본적인 문제다. 어떤 제도도 완벽한 것은 없다. 당원 명부의 정확성은 사실 그렇게까지 큰 문제는 아닌데, 결국 그걸 배제한 것이 문제가 된 것이다.

Q 대구는 전통적으로 당원이 많은 지역이라 당원을 투표에서 배제한 것이 지역민들에게 반응이 안 좋았을 것 같다

A 아무래도 그런 부분이 있다. 지금 당원들이 많이 빠져나가고 있지 않은가. 많은 지역민이 새누리당 당원임에도 불구하고 정당투표에서 국민의당을 뽑았다. 왜 그랬겠나. 당원이지만 당이 싫다는 거다. 공천 당시 당에 대한 비판이 엄청났다. 공천 과정에서 실망을 안겨줬기 때문이다. 최종적으로는 후보자 간 합의의 문제가 아니고, 당의 결심이 필요했다. 3:7로 가든, 4:6으로 가든 당이 결정해야 했다. 경선 방식에 대한 의견을 후보끼리 합치하라고 떠넘긴 것은 잘못된 결정이었다.

Q 본선 과정에서 최경환 의원이 대구에 와서
무릎 꿇고 선거운동도 했는데

A 그걸 누가 믿겠는가. 대구 지역구에서 더민주당 김부겸 의원이 당선되었다. 대구가 얼마나 지지층이 견고했던 곳인데…. 대통령이 200만 표 격차를 낸 곳이 대구다. 여기서 그만큼 이겨서 전국적으로 100만 표 차이로 이긴 것 아닌가. 대구는 8080 즉, 80% 이상 투표하고 투표자 80%가 대통령을 뽑은 곳이다. 이번에는 그중 절반 정도가 투표장에 나와서, 절반 정도가 새누리당을 뽑았다.

Q 안심번호 여론조사는 어땠나.
신뢰를 주지 못했다는 평가가 있다

A 이제 유선전화 여론조사는 하면 안 된다. 기존 방식의 유선 여론조사를 하면 2030세대 응답자 수가 전체 인구에서의 비율을 맞추지 못한다. 그래서 가중치를 넣어 결과를 낸다. 그러면 오차가 발생한다. 휴대전화를 포함해 여론조사를 하면 완전히 새로운 변화가 이뤄질 것이라고 기대한다.

여론조사가 진행되면 캠프에서 전화를 받았다는 사람들의 이야기를 듣게 된다. 그런데 우리 캠프에서는 경선 여론조사 전화를 받았다는 사람이 한 명도 없었다. 이전 여론조사에서는 10명, 20명씩 받다가 이번에만 전화를 받지 않은 것은 이상하지 않나. 당에서 여론조사를 하면 적어도 후보에게는 결과를 가르쳐주는 것이 맞지 않은가. 돈은 1,500만원, 2,000만원씩 내면서 언제 조사하는지도 모르고, 결과도 모르는 것이 말이 되나. 백번 양보해 언제 조사하는지 안 가르쳐 주는 것은 그렇다고 치자. 결과는 알려줘야 한다.

Q 휴대전화를 포함할 경우,
휴대전화를 여러 개 개통하는 식의 부정이 따를 수 있다는 우려가 있다

A 그런 문제는 유선전화가 훨씬 더 많이 생긴다.

Q 공천 방식에 대해 제안할 것이 있는가

A 현장투표가 가장 이상적이라고 생각한다. 그러나 그것도 사람들을 동원한다든가 하는 문제가 있어 못하는 것이 아닌가. 그런 문제를 제거할 수만 있다면 그 방향으로 가야 한다. 현실적인 문제로 인해 여론조사 방식을 채택한다면, 문제들을 제거하면서 단계별로 나아가야 한다. 공천관리위원장과 당대표가 갈등 관계에 놓이고, 공천관리위원들은 회의에 나오지 않고. 이런 식이면 후보자가 얼마나 불안하겠는가. 유권자가 느끼는 심리는 그 이상이다. 그 결과가 이번 선거에서 고스란히 드러난 것이다.

Q 좋은 말씀 잘 들었다.
마지막으로 하고 싶은 말이 있다면

A 국민의 뜻이 반영된 공천이 이뤄져야 한다. 제일 좋은 제도는 물론 현장투표를 하는 것이지만, 그게 현실적으로 불가능하다면 모바일 여론조사가 좋다. 여론조사가 언제 이뤄지는지 후보자들에게 미리 공지하고, 결과도 투명하게 공유해야 한다. 그래서 승리한 사람은 축하를 받고, 낙선자는 이런 것이 문제였구나 스스로 파악해야 한다. 그렇게 해야 공천 과정에 대한 신뢰도 생기고 믿음도 생길 것이다.

"

공정하고 투명한
여론조사가 해답이다

"

　　"총선 실패의 가장 큰 책임은 공천 파동에 있다고 생각한다. 청와대가 공천 과정에 직접 개입한 것 같은 분위기가 유권자의 반감을 샀다. 중요한 위치에 있는 공관위도 제 역할을 못했고, 대통령 눈 밖에 난 인사들을 배제한 공천에 불만이 많았다. 당원을 배제한 것은 옳은 선택이라고 생각한다. 지방의 경우 당원 여론조사는 현직 의원이나 토호 세력에게 유리하기 때문이다. 100% 국민 여론조사를 하되, 보다 철저히 안심번호를 실시해야 한다. 좀 더 투명한 여론조사를 위해 녹취제도를 도입하는 것을 제안한다."

Q 이번 총선에서 새누리당이 패배한
가장 큰 원인은 무엇이라고 생각하나

A 가장 중요한 건 유권자의 생각이고 유권자의 판단이다. 새누리당을 지지하던 많은 유권자가 당에 회의를 느꼈다. 여러 가지 이유가 있겠지만, 공천 파동이 가장 큰 문제였다. 청와대가 공천 과정에 직접 개입한 것 같은 분위기가 유권자의 반감을 산 것이다. 국민공천제라는 공천 혁신을 깔아뭉개고, 대통령 눈 밖에 난 인사들을 마구 쳐냈으니 퇴행이자 역행이다.

Q 공천과 관련해 또 다른 문제점은 없었나

A 기준이 불분명한 가산점 제도도 문제였다. 정치 신인이거나 어린 공천 예비후보자들에게 가산점을 주었는데, 기준이 정확하지 않았다. TV에서 늘 보던 사람인데, 정치에 입문한다는 이유만으로 가산점을 주었다. 과연 그런 사람을 정치 신인으로 볼 수 있나. 4년 동안이나 당을 위해 일한 사람들 입장에서는 불이익을 받은 거다. 이런 식이면 앞으로 누가 당을 위해 일하겠는가. '눈 가리고 아웅' 하는 식은 곤란하다. 가산점 제도를 실행하려거든 모두가 납득할 수 있는 명확하고 명백한 기준을 정해야 한다.

Q 공천관리위원회는 제대로 된 역할을 수행했나

A 공천을 심사하려면 그 사람의 히스토리를 알아야 하고, 그 지역구의 특징을 알아야 한다. 그런데 이걸 제대로 알지 못하면 엉뚱한 소리를 한다. 그래서 면밀한 검토가 필요한데, 공관위에 자료를 미리 전달할 수 없었다. 규격에 맞춰 정해진 부분만 전달해야 했다. 지극히 제한된 정보만 제공했으니

그것만으로 후보자를 제대로 알기 어려웠을 것이다. 공관위는 굉장히 중요한 위치다. 제대로 훈련된 공정한 사람들을 선출해 제 역할을 충실히 할 수 있도록 해야 한다.

Q　국민공천제에 대한 생각이 궁금하다.
　　100% 국민 여론조사 방식이 어떠한가

A　당원을 배제한 것은 옳은 선택이라고 생각한다. 당원 여론조사는 토호 세력에게 더욱 큰 힘을 실어줄 뿐이다. 지방은 이권을 가지고 있는 토호 세력의 힘이 절대적이다. 절대권력처럼 여겨지는 그 벽을 허물어야만 제대로 된 인물이 본선에 나갈 수 있다. 그런 측면에서 100% 국민 여론조사가 맞다고 본다. 다만 여론조사에서 보다 철저히 안심번호를 실시해야 한다. 이번에도 안심번호를 실시했다고는 하지만 믿을 수 없었다.

Q　어떤 점에서 믿을 수 없었나

A　확률적으로 생각해 봤다. 여론조사를 유선전화로 실시했는데, 40% 정도는 유선전화 자체가 없다. 보통 100명을 돌리면 7명 정도가 전화를 받아서 여론조사에 응해 준다고 한다. 그런데 지역구에 자주 나오는 자칭 리더 그룹에 속한 분들이 있다. 대부분 사업을 하는 분들인데, 이분들이 전화를 돌리면 이상하게 100% 응답한다. 이상하지 않나. 이미 전화번호를 모두 수집했다고 볼 수밖에 없다. 여론조사에서 가장 중요한 것은 투명성과 신뢰성이다. 공정하게 안심번호를 통한 여론조사일 때에만 의미가 있다.

Q 여론조사의 신뢰성을 높이기 위한 또 다른 방법이 있을까.
생각하고 있는 바람직한 방법이 있다면 말해 달라

A 방법적인 부분을 이야기할 수 있다. 유선전화보다는 국민 대다수가 보유하고 있는 휴대전화 여론조사를 실시할 때 더 정확한 판단이 가능하리라 본다. 녹음도 좋은 방법이라고 생각한다. 어차피 불특정 다수에게 여론조사를 실시하는 것이다. 공정성을 높이려면 유권자에게 어떤 책임의식을 부여해야 한다. 통화가 이어지면 곧바로 여론조사라는 것을 알리고 녹취에 대한 동의를 구한다. 녹음이 되고 있다는 것만으로도 무의식적으로 책임감을 느낀다. 전화를 받은 유권자가 부담을 느낄 수 있으므로 제도적으로 안심번호를 사용하고 있다는 것과 익명이라는 것을 알려야 한다. 이렇게 하면 훨씬 많은 유권자의 다양한 생각이 반영된 경선 결과를 얻으리라 본다.

Q 그렇게 보면 현장투표를 통한 경선이
더 투명성이 높지 않겠나

A 현장투표에 누가 참여하겠나. 당연히 당원들이 참여한다. 당원 대부분이 토호 세력, 혹은 현직 의원들의 영향력을 받는 사람들이다. 그런 방식으로는 결코 투명한 결과를 얻을 수 없다.

Q 1차 투표를 거쳐 1위와 2위 후보의 지지율 격차가
10% 이내인 경우 결선투표를 실시했다.
이 부분은 어떻게 생각하나

A 부정적인 입장이다. 아까도 말했던 것처럼 당원들은 현직 의원이나 토호 세력의 영향권에서 벗어나기 어렵다. 더군다나 당원 매수 등의 문제도 있을 수 있기 때문에 반대 입장이다

Q 투명한 공천 경선을 위해서는
어떠한 변화가 필요한가

A 당내 후보의 무차별적인 비방을 강력히 규제해야 한다. 예를 들어 SNS를 통해 당내 권력을 가진 사람이 당원을 비방하면 그 사람은 절대 경선에서 이기지 못한다. 힘이 있는 사람이 자신이 소속된 모바일 커뮤니티에서 누군가를 비방했다고 가정해 보자. 그 커뮤니티 회원이 800명 정도 된다고 했을 때, 그 숫자 자체는 별것 아닐 수 있다. 그러나 각각의 회원이 직접 연락할 수 있는 SNS 친구까지 생각하면 그 숫자는 기하급수적으로 늘어난다. 그렇기 때문에 힘을 가진 사람의 한마디가 무서운 것이다. 어차피 다 같은 당에 소속된 사람들 아닌가. 그런 사람을 비하하고 비방하는 것은 명백한 해당 행위다. 이러한 해당 행위를 강력히 규제해야 한다.

"

토론회, 배심원제 등
새로운 제도가 필요하다

"

    "여론조사를 통한 공천 자체를 신뢰할 수 없다. 모집단이 명부를 제대로 가지고 있었는지, 여론조사가 제대로 이뤄졌는지 어떻게 믿을 수 있겠나. 제대로 공천하려면 적어도 두 달 전에는 후보 등록이 돼야 한다. 당원이나 유권자가 후보에 대한 정보를 어느 정도 알고 있어야 정확한 판단을 할 수 있기 때문이다. 후보자들의 능력과 비전을 확인할 수 있는 토론회를 하는 것도 좋은 방법이다. 또 배심원제 등을 도입해 보다 냉정하게 후보자를 판단할 수 있도록 해야 한다."

Q 100% 국민 여론조사를 통한 경선이었다.
어떻게 생각하나

A 오픈프라이머리는 굉장히 중요한 부분이다. 당원들은 당의 미래를 생각해 투표에 임하기 때문이다. 그러나 당원 명부를 믿을 수가 없다. 당원 명부에 적힌 안심번호로 문자를 돌려 보니 30%가 전달되지 않았다. 지방에서는 돈을 주고 당원을 사는 일이 공공연하게 이뤄진다. 그러니 어떻게 그 명부를 신뢰할 수 있겠나. 이런 상황이었기 때문에 차라리 국민을 대상으로 의견을 수렴하겠다는 것이 당의 취지였다. 현 상황에서 오픈프라이머리를 실시하는 것은 현직 의원에게 혜택을 주겠다는 뜻이니 차라리 국민 여론조사가 낫다.

Q 여론조사를 실시할 때 안심번호가 사용됐다.
얼마나 제대로 이뤄졌나

A 선거구가 바뀐 지 10일 만에 경선이 치러졌다. 한 사람이 두 번씩 전화를 받는 일이 비일비재했다. 한 사람이 두 번 전화를 받으면 무효처리돼야 한다. 그보다 더 큰 문제는 결과를 투명하게 공개하지 않았다는 것이다. 명부 관리가 따로 이뤄진 것이 아니냐는 이야기도 있었다. 모집단이 명부를 제대로 가지고 있었는지, 제대로 여론조사를 실시했는지 그 자체도 의문이 든다.

Q 이런 문제를 극복하기 위한 대안이 있나

A 적어도 두 달 전에는 후보 등록이 이뤄지도록 제도화해야 한다. 당원이나 유권자는 후보자에 대한 정보를 어느 정도 갖고 투표에 임해야 한다. 그 정보라는 것은 현직 의원에게는 의정활동 평가일 수 있고, 새롭게 도전하는

신인들에게는 비전일 수도 있다. 후보들 간에 자유롭게 토론하고, 유권자들은 그걸 듣고 판단해야 한다. 그게 공천을 위한 경선이라도 마찬가지다.

영국의 공천처럼 최종 선택된 두 후보가 몇 차례 토론을 진행하고, 당원이나 유권자가 이를 통해 공천받을 후보자를 결정해야 한다. 아니면 두 명의 최종 후보자를 놓고 중앙당의 엄격한 배심원들이 최종 선택을 할 수도 있다. 어차피 공당은 당이 가진 색깔이 있다. 당에 대해 아무것도 모르는 사람이 경선만으로 당을 대표하는 후보자가 되는 것은 말이 안 된다. 그렇기 때문에 배심원이 최종 후보를 선택하는 것도 나쁘지 않다. 그런데 그러려면 시간적인 여유가 있어야 한다.

Q   경선에서 규제해야 한다고 생각하는 것이 있나

A   문제점으로 지적된 것을 역으로 생각해 보면 경선이 얼마만큼 불투명하고, 불분명했는지 알 수 있다. 적어도 당은 경선을 하겠다고 예비후보로 등록한 사람들을 제대로 관리해야 한다. 선거 분위기를 흐리거나 잘못하는 후보에 대해 강력히 통제해야 한다. 당이 통제 능력이 없으면 자정 능력을 잃게 되고, 경선도 신뢰를 잃게 된다. 예비후보로 등록한 순간부터는 후보자들에게 서약도 받고, 엄격한 윤리강령도 요구해야 한다. 당이 정책 지향적으로 선거를 유도할 필요가 있다. 그래야 살아 있는 당이라고 말할 수 있는 것이다. 지역마다 토론회 자리를 만들어 경선할 때부터 유권자에게 당의 비전을 전달해야 한다. 이러한 것들이 제도적으로 뒷받침돼야 한다.

Q   배심원은 아니지만 공천관리위원회가 구성되었다.
이에 대해서는 어떻게 평가하나

A   공관위는 평형감각을 유지해야 하는데, 공관위가 구성되자마자 흉흉한 얘기가 돌았다. 최고위원이 한 명씩 추천했는데, 전부 청와대 아바타란다. 이런 상황이라면 누가 중심을 잡을 수 있었겠나. 외부 인사였다면 더 나았을 것 같다. 이번에는 공관위가 오히려 계파 갈등의 진원지가 되어버렸다.

Q   결선투표제와 가산점 제도에 대해서는 어떻게 평가하나

A   여론조사도 주먹구구식으로 했는데, 결선이라고 뭐가 달랐겠나. 아무도 인정하지 않는 분위기다. 당 지도부가 여론조사를 주장하는데, 그게 제대로 이뤄질 수 없다는 것은 이미 몇 년 전 논문에서도 언급된 부분이다. 가산점 제도도 나름 의미는 있었지만, 이게 어떤 차별화를 줬는지는 모르겠다.

Q   앞으로 공천 경선이 어떻게 이뤄지길 바라나

A   전화 여론조사로 공천 경선이 이뤄지는 건 말도 안 된다. 예를 들어 어떤 기업에서 4년 동안 회사를 위해 일할 재원을 뽑는데, 이런 방식으로 뽑겠나. 배심원제 등을 도입해 제대로 된 경세가를 선출해야 한다. 미국식 오픈 프라이머리는 한국에서는 불가능하다. 아무리 좋은 제도라고 해도 제대로 뿌리내리려면 많은 고민이 필요하고 시행착오를 겪어야 한다. 우리 정서와 맞지 않고, 실제로 투명하게 이뤄질 수 없다면 빨리 개선하는 것이 낫다.

"

지역 특성에 맞는
전략공천제 필요하다

"

"이번 총선에서는 중앙당이 제 역할을 못했다는 의견이 많다. 지역 특성을 전혀 파악하지 못하고 무조건 상향식 공천제를 하는 것은 문제가 있다. 국회의원은 시의원, 구의원과는 다르다. 지역을 위해 일하면서도 나라 살림 전체를 판단하고 이끌어 갈 수 있는 능력이 있어야 한다. 그런데 무조건 상향식 공천을 하다 보면 준비된 인재가 국회의원 선거에 나갈 수 없다. 상향식 공천제보다는 전략공천제가 도입돼야 한다는 입장이다."

Q   공천 경선 과정에서 가장 큰 문제는 무엇이었나

A   솔직히 중앙당에서 지역 현실을 너무 모른다. 상향식 공천제라는 것이 명분은 참 좋다. 그러나 선거를 준비해 보니, 상향식이라는 것이 출마자들을 철저히 '을'의 입장에 서게 만들더라. 국회의원은 기본적으로 좋은 정책을 만들어 살기 좋은 나라를 만들 수 있는 인물이어야 한다. 전체 예산을 조율하고 외교 전쟁, 정치 전쟁까지 국회와 대통령, 정부가 혼연일체가 되어 중차대한 일을 결정해야 한다. 그런데 자신의 지역구에만 예산을 퍼부으려고 하면 다른 동네는 어떻게 하라는 건가. 민원 해결사로 매일 경로당에 가서 산다면 그게 무슨 국회의원인가. 상향식 공천제는 지역 경조사 잘 챙기고 동네 민원 해결해 주는 사람만 살아남는 구조다. 서울을 제외하고 대부분의 지역이 그렇다. 말로는 정책 국회의원을 원한다고 하지만 실제로는 동네 정치꾼을 원하는 모양새다.

Q   상향식 공천제 자체가 문제라는 의미인가

A   지역마다 특성이 있다. 상향식 공천제 자체가 문제라는 게 아니고, 중앙당에서 지역 특성을 전혀 파악하지 못하고 무조건 상향식을 밀어붙인 것이 문제라는 거다. 더 문제는 보통 한 지역 경선에 6~7명의 후보가 출마하는데, 대부분이 같은 지역에서 서너 번씩 떨어진 분들이다. 포기하지 않고 도전하고 또 도전하고…. 그러니까 결국 상향식 공천제에서는 지역을 위해 몇 년이나 헌신했느냐가 관건이다. 이런 식으로 해서는 좋은 정책을 낼 수 있는 준비된 인재가 국회의원 선거에 나갈 수 없다. 중앙당에서 이런 부분은 정리를 한다. 몇십 년 동안 그 지역에서 공천받기 위해 도전하는 분들이 대부분인데, 신인이 설 자리가 있겠나.

Q 그렇다고 무조건 신인에게
기회를 줄 수는 없지 않은가

A 신인이라고 무조건 등용하라는 것이 아니다. 2030세대 취업 준비생에게 제일 중요한 것은 자신의 실력과 노력이지만, 그들이 첫걸음을 떼기 위해서는 어쨌든 제도적인 도움이 필요한 거다. 안 그러면 진입 자체가 불가능하다. 중앙당에서 분야별로 유능한 인재 5~6명, 많게는 10명 정도를 선출해 물갈이를 유도할 수도 있다.

Q 전화 여론조사에 대한 생각은 어떠한가.
그것도 문제라고 보나

A 전화 여론조사 자체가 잘못된 거다. 설문조사 전에 세 가지를 물어보더라. 연령대, 지지하는 당, 지지하는 사람을 물어보는데 너무 단순한 구조다. 60대인 사람이 30대라고 해도 아무도 모른다. 역선택을 막을 수 있는 방법이 없다.

안심번호도 믿을 수 없다. 권역을 나눠 전화한 것이 아니라 무작위로 한다. 같은 지역이라고 해도 권역별로 얼마든지 다른 결과가 나올 수 있다. 그런데 무작위 전화 여론조사는 그런 정서 자체를 무시한 채 이뤄진다.

Q 경선 후보자들 간의 신경전도
만만찮았을 것 같은데, 그런 문제는 없었나

A 당연히 있었다. 중앙당에서 이런 부분을 제대로 관리하지 못한 것이 화가 난다. 두 후보가 경선 막판에 치열하게 경쟁하고 있었다. 그런데 경선을 포기한 후보자가 뜬금없이 탈당해 무소속으로 출마한 후보를 지지하겠다는 문자메시지를 5만여 건이나 발송했다. 공직선거법 88조에 보면 타당 후보를 지지하지 못하도록 되어 있다. 무소속도 타당이다. 이건 명백히 선거법 위반이다. 그런데 중앙당에서 이런 걸 제재하지 못했다.

Q 경선이 보다 공정해지려면 어떤 방식으로
이뤄져야 된다고 생각하나

A 일단 전화 여론조사는 아무리 개선해도 한계가 있다. 전화 여론조사 방식 자체에 많은 문제가 있기 때문에 오픈프라이머리를 생각해 볼 수 있다. 그런데 이것도 기존 방식은 안 되고, 미국처럼 제대로 해야 한다. 여당과 야당이 같은 날 동시에 진행해야 한다. 그래야 역선택의 영향을 받지 않을 것이다. 그 다음 당원 간의 문제도 해결해야 한다. 지금 우리는 소선거구제를 채택하고 있는데, 이런 식으로 해서는 절대 새로운 사람이 등장하지 못한다. 소위 말하는 인위적 전략공천을 해주지 않으면 신인은 들어갈 수 없다. 이 부분도 개선이 필요하다.

Q   공천관리위원회는 제 역할을 했다고 보는가.
공관위 인사 구성에 대한 생각을 말해 달라

A   완전 실패라고 생각한다. 공관위가 A형, B형, C형의 인선이 있다고 들었다. 예를 들어 당에서 온 사람이 다섯이면 그 사람들 외에는 민간을 말하는 거다. 그러면 최소한 소신을 가지고 당 내에서 뭐라고 해도 자기 의견을 피력할 수 있는 사람으로 구성해야 한다. 그 정도 소신과 힘이 있는 사람이어야 더 공정하게 판단할 수 있는 거다. 이번 공관위 인사구성은 전혀 그렇지 않았다.

Q   마지막으로 하고 싶은 말이 있나

A   누구나 동의하듯 이번 선거에서 새누리당이 참패한 것은 공천 실패가 가장 큰 원인이다. 선거는 전쟁이다. 전쟁이라고 하면 큰 프레임과 명분이 있어야 한다. 그래야 그에 맞는 전략과 전술이 나올 수 있다. 프레임과 명분이라는 것은 결국 시대 흐름, 시대정신과 관련이 있는 부분이다. 이번 선거의 프레임은 '경제'였다. 그런데 우리 당은 필승 전략도 없고 대의명분도 없는 경선을 치렀다. 야당에서 출마자가 먼저 결정된 경우에는 그에 맞서 싸울 수 있는 최적의 사람을 내보내는 것이 맞다. 야구에서 보면 타자에 따라 투수를 바꾸기도 하지 않는가. 야당에서 A가 나온다고 결정되면 지역 특성과 제일 맞게 최적화된 B가 나가는 것이 맞다. 상향식 공천제도 좋지만 보다 전략적인 공천이 필요하다.

"

객관적 시스템 갖춘
전략공천이 낫다

"

"현재의 공천 시스템으로는 후보자의 자질을 보고 뽑을 수가 없다. 유권자는 후보자의 자질을 알지 못하니 결국 자신에게 실질적인 이익을 준 사람이나 아름 한 번 더 들어본 사람을 뽑게 된다. 결국 상향식 공천제는 돈이 있거나 현직에 있는 사람이 유리한 방식인 셈이다. 공관위에서 후보자의 자질을 철저하게 검증한 후 전략공천이나 단수로 공천하는 것이 낫다. 국민 여론조사는 참작 정도로만 활용하면 된다."

Q   이번 공천 경선에서 가장 아쉬운 점은 무엇인가

A   민주주의는 다수결의 원리에 의해 정해지는 정치 시스템인데, 다수결의 원리로 사람을 뽑아놓으면 다수를 위한 정책이 나오지 않는다. 그게 아이러니하다. 과거의 정치인들에 비해 요즘 정치인들은 철학이 없다. 그런데 막상 정치 현실에 들어와 보니 당내 제약도 많고, 유권자의 마음을 얻는 데 있어 철학이 필요하지 않더라. 어쨌든 리더는 전체를 끌고 가면서 변화도 이끌고 변혁도 일으켜야 하는데 유권자 눈치만 보고 있다. 그래서 정치가 발전이 없는 것 같다.

Q   상향식 공천제는 유권자와
더욱 밀착된 방식으로 출마자를 결정한다.
이 방식이 문제라는 의미인가

A   솔직히 유권자들이 정치에 대한 뚜렷한 신념이 있겠나. 당장 자신에게 실질적인 이익을 주거나 경조사에 찾아와 축의금을 많이 내는 사람 편에 선다. 공명선거는 추상적인 의미에 불과하다. 유권자의 선호에 맞추려고 한다면 대부분 즉흥적인 것을 해야 한다. 실제로 투표에 임하는 유권자가 진짜 원하는 건 잘살 수 있도록 길을 열어달라는 거니까. 결국 상향식 공천제에서도 이러한 즉흥적인 기준이 작용하게 된다. 결혼식에 와준다거나 행사에 와주는 사람을 뽑아 준다. 그런 게 정치는 아니지 않나.

Q 지역의 민원을 해결해 주는 건 중요한 부분이지 않나

A 물론 중요하다. 그러나 사실상 민원 해결이라는 것이 지극히 개인적인 것들이다. 취직이라거나 경찰서에서 벌어지는 일을 해결해 달라는 건데, 솔직히 말하면 다 돈으로 해결해야 하는 일들이다. 결국 상향식 공천제는 돈이 있거나 현직에 있는 세력이 이길 수밖에 없는 판도다. 아니면 아주 유명하든가. 현재의 공천 시스템으로는 후보자의 자질을 보고 뽑을 수 없다. 유권자 입장에서 후보자의 자질을 알 수 있는 방법이 없으니 결국 이름 한 번 더 들어본 사람이거나 자기 경조사 챙겨준 사람을 뽑는 거다. 그 후보자가 국가보조금을 횡령한 중죄를 지었다고 해도 경선에 임하는 유권자는 알 길이 없다.

Q 국민의 의견을 반영한 경선 방식 자체가
문제라는 의미인가

A 현재의 경선 방식으로는 유권자의 의견을 제대로 반영할 수도 없고, 그것이 제대로 된 정치로 가는 길은 아니라고 본다. 경선 과정이 치열하다 보니 당내에서도 서로에 대해 지나친 비난이나 비방이 오간다. 말 그대로 진흙탕 싸움을 벌이면서 서로 원수가 되는 거다. 단합된 모습으로 경선을 치르는 것 자체가 불가능하다.

Q 이런 경선 방식이 당내의 융합보다는
당내 분열을 심화한다는 의미로 받아들여도 되나

A 경선 이후에 후유증이 많이 남았다. 지금도 조직이 움직여지질 않는다. 자기들끼리 따로따로 모임을 만든다. 그렇게 하지 말라고 해도 다들 그렇게 한다. 경선을 치르면 무소속으로 출마하지는 못하겠지만, 후유증을 치유할 길이 없다.

Q 차라리 전략공천이나 단수로 하는 것이 낫다는 의견도 있다. 동의하는가

A 개인적으로 그렇게 생각한다. 물론 밀실에서 하는 전략공천은 안 된다. 검증 절차를 객관화하고, 공천심사위원회에서 면밀하게 검토해야 한다. 공천관리위원회나 공천심사위원회 같은 곳에서 심혈을 기울여 후보자를 선택하면 된다. 파트를 나눠 사생활도 검증하고, 자질도 검증한다면 이게 훨씬 좋은 방법 아니겠나. 국민 여론조사는 참작 정도로만 활용하면 된다.

Q 전화를 활용한 국민 여론조사에 대한 부정적인 입장인가

A 여론조사를 통해 후보자를 뽑는다는 발상 자체가 이해가 안 된다. 0.1%의 응답률이다. 이런 걸 어떻게 신뢰할 수 있겠나. 역선택도 분명 문제다. 상대 당의 입장에서 여론조사 전화를 받았다고 생각해 봐라. 당원을 거른다고 하지만 절대 걸러지지 않는다. 그들 입장에서도 벌써 지령이 다 내려갈 테고 얼마든지 조작이 가능하다.

Q 출마한 지역구가 당원 30%,
국민여론 70%의 방식이었던 걸로 알고 있다.
당원 명부와 관련해서는 말하고 싶은 부분이 없는지

A 당원 명부도 돈 주고 모집하는 경우가 많다. 돈을 안 주면 모집이 잘
되지 않는다. 명절에 선물이라도 하나 준 사람에게 더 호의적일 수밖에 없다.

Q 그러면 어떤 방식으로 경선이 이뤄져야 한다고 생각하나

A 경선을 해야 한다면 차라리 현장투표가 낫다. 정견발표 과정을 보고
후보자들의 자질을 어느 정도는 파악할 수 있게 된다. 지역방송 토론회를 보
고 마음을 바꿨다는 유권자도 많이 봤다. 지금 같은 전화 여론조사를 통한 경
선은 토호 세력에게 유리할 뿐이다. 이런 식이면 정치개혁은 불가능하다. 기
성 정치에 완전히 물들어 있는 사람들이 무슨 새로운 생각을 할 수 있겠나.

Q 경선보다 나은 방법이 전략공천이나
단수공천이라고 생각하는 건가

A 경선을 다 안할 수는 없겠지만 수도권이나 질 것 같은 지역, 박빙인 지
역에서는 경선을 하면 오히려 좋지 않다고 생각한다. 우리 당이 우세한 지역
에서는 경선이라는 검증 절차를 통해 더 나은 인물을 뽑을 수 있다. 그러나
그 과정에서 후보자의 단점을 오픈하게 된다. 경선 과정에서 내부 폭로가 훨
씬 심하다. 내부에서 막 퍼뜨리게 된다. 박빙인 지역에서 이렇게 하면 상대
당을 돕는 격이다.

"

경선 실시,
빠를수록 좋다

"

"공천을 놓고 당내 갈등이 없었다면 총선 결과는 달라졌을 것이다. 국민공천제를 진행하겠다고 해놓고 지지부진한 것이 리스크가 컸다. 공천 과정에서 정부의 입김이 들어갔다고 하니 유권자의 마음이 돌아선 것이다. 앞으로는 국민공천제로 진행하되, 후보자나 유권자 모두를 위해 경선이 하루 빨리 진행되는 방향으로 개선돼야 할 것이다. 당원이 경선에 참여하되 그 비중은 적절히 조정해야 한다. 또한 경선에서 탈락한 후보들이 당을 위해 일할 수 있도록 당에서 챙겨야 한다."

Q 이번 총선에서 가장 문제가 된 부분은
무엇이라고 생각하는지

A 누가 보더라도 공천 파동 아니겠나. 특정인을 지지하고, 지지하지 않고를 떠나 중앙당에서 국민공천제를 진행하겠다고 큰 방향을 잡았으면 빠르게 진행했어야 했다. 경선이 빨리 진행되기만 했어도 후유증이 훨씬 적었을 것이다. 특히 후보자 등록일까지 공천권을 놓고 실랑이를 벌인 것은 납득할 수 없다.

언론에서 새누리당 공천과 관련해 끊임없이 좋지 않은 기사들이 흘러나왔다. 요즘은 하루 종일 종합편성채널을 틀어놓고 뉴스만 보는 분들도 있다. 이런 기사들이 연일 보도되는 것 자체가 총선에 좋지 않은 영향을 줬을 것이다.

Q 공천을 놓고 당내 갈등이나 노출이 없었다면
결과가 달라졌을 거라고 보나

A 달라졌을 것이다. 50대 이상의 유권자는 38% 정도밖에 안 된다. 결국 젊은층을 공략해야 한다. 그런데 지역의 젊은 사람들을 만난다는 게 쉽지 않다. 기껏해야 아침 출근시간에 지하철역에서 명함 나눠주는 게 전부다. 젊은층의 표심이 어디로 가느냐가 당락을 결정한다. 젊은층의 표심은 당이 잘해야만 올라간다. 그런데 공천 과정에서 정부의 입김이 들어갔다고 생각하니 많은 유권자가 등을 돌린 거다.

Q 공천관리위원회 구성에 대해서는 어떻게 생각하나.
적절한 구성이었나

A 이한구 공관위원장을 좋아했고 기대했는데, 솔직히 결과적으로 봤을 때 기대 이하였다. 공천관리위원회(공관위)는 당에서 벗어나 공정하게 심사해야 한다. 게다가 공관위와 새누리당 수뇌부가 지금처럼 알력이 있는 것처럼 보이면 안 된다. 이런 식으로 언론에 계속 노출되는 것이 문제다.

Q 공천 직전 김무성 대표가 옥새 투쟁을 벌였다.
이 부분에 대해서는 어떻게 생각하나

A 새누리당이 표를 얻는 데 도움이 되지 않았다고 생각한다. 김무성 대표의 소신과 무관하게 마이너스였다. 야당과 싸워야 하는 전쟁에서 우리끼리 내부 분열하면 당연히 백전백패다. 그 행동의 옳고 그름을 논하는 게 아니다. 다만 반대 당에서 그걸 이용할 수 있는데 그렇게 행동하는 건 표를 얻는 데 도움이 안 된다는 거다.

Q 그러면 당원을 배제하고 100% 일반 국민 여론조사를 실시한
경선 방법에 대해서는 어떻게 평가하나

A 내 생각에는 당원이 경선 투표에 참여하는 게 맞는 것 같다. 다만 비중은 조정해야 한다. 투표에 참여할 수 있는 인구가 총 100명이라고 가정해 보자. 그중 당원이 30명, 비당원이 70명이라고 하면 3:7 비율로 여론조사를 하는 게 맞다. 그런데 실제로 100명 중에서 당원은 기껏해야 3명이다. 그런데 이 비율을 30%로 두는 것이 맞을까. 경선에 당원이 참여하는 것은 맞지만, 실제로 당원이 많지 않기 때문에 비중은 조정해야 한다.

Q 안심번호를 통한 여론조사 방식이 도입됐는데,
이 부분에 대해서는 어떻게 생각하나

A 안심번호에 대한 것까지는 깊이 생각해 보지 않았다. 다만 이번에는 새누리당 성향을 지닌 국민의 의견만 가지고 경선을 진행했다. 어느 당을 지지하느냐고 물어봐서 타당을 지지한다고 말하면 전화를 끊고, 새누리당을 지지한다고 말한 사람의 의견만 접수했다. 결국 새누리당을 지지하는 일반 국민을 대상으로 한 경선이기 때문에 당원 경선과 크게 다르지 않다. 당에 관계없이 모든 사람의 의견을 종합하는 것이 맞지 않나 싶다.

Q 치열한 경선을 치른 것으로 알고 있다.
경선을 통해 공천을 받으면 그렇지 않은 경우에 비해
본선 경쟁력이 향상된다고 보나

A 오히려 떨어진다고 본다. 대통령 선거와 국회의원 선거는 다르다. 예를 들어 대통령 후보자 선출을 위한 경선에 A와 B가 나왔는데, A가 이겼다고 가정해 보자. 내가 B를 지지한다고 해도 본선에서는 A를 뽑게 된다. 어차피 새누리당이니까. 그런데 지역구는 그 지역에 있는 사람들이기 때문에 경선의 영향이 크다. 4년 동안 실질적으로 접촉하면서 지지하기로 약속했던 후보자가 떨어졌다고 해서 금방 다른 후보자를 지지하기는 쉽지 않다. 같은 당 소속이라 해도 마찬가지다. 투표를 포기하거나 타당으로 가는 경우도 적지 않다.

Q 그러면 경선에서 탈락한 후보들이 서로 돕거나 하진 않나

A 아예 도와주지 않는다.

Q   당 화합 측면에서만 봤을 때는
        경선이 나은가, 단수추천이 나은가

A   경선을 하되 빨리 하는 방향이 낫지 않겠나. 지금은 4개월 전에 예비후보 등록하고 명함을 뿌리기 시작한다. 한 달 정도 이렇게 선거운동을 한 상태에서 경선을 치르는 건 몰라도, 3개월씩 명함 돌리고 깊숙이 관여하다가 갑자기 경선에서 떨어지면 어떻겠나. 지역민이 원하지 않는 사람을 공천하면 안 되니까 국민공천제를 하되, 최대한 빨리 해야 한다.

Q   마지막으로 중앙당에 건의하고 싶은 부분이 있는가

A   이번 경선에서 억울하게 떨어진 원외위원장이 많다. 비록 떨어졌지만 당을 위해 일할 수 있는 사람들은 당에서 챙겨야 한다. 오히려 그 사람들이 더 옳은 말을 할 수도 있다. 그런 부분을 중앙당에서 잘 선별해 그런 사람들에게 당이나 국가를 위해 봉사할 수 있는 기회를 줘야 한다고 생각한다.

5

전문가들의
날카로운 돌직구

처절한 자기반성을 통해
환골탈태해야

　　새누리당은 총선 참패 원인을 분석하는 '국민백서'를 제작하면서, 각계 각층의 의견을 들어보고자 노력했다. 그 일환으로 정치 분야별 전문가들에게 서면 인터뷰를 요청했다. 인터뷰 대상은 전략, 여론조사, 홍보, 정책·공약, 국정 운영 이슈 등 각 분야에서 실력과 명망을 쌓은 전문가들로, 대학교수, 언론인, 정치인, 정치·사회·홍보 전문가 등 다양하게 구성됐다.

　　전문가들은 분야별 심도 있는 질문에 객관적이면서도 솔직한 답변을 제시했다. 새누리당의 총선 참패 원인에서부터 공천 제도의 문제점, 선거전략 평가, 지도체제의 문제점 등 총선 전반에 걸친 정밀 진단이 진행됐다. 또한 국정 운영 평가와 야당의 선거 전략, 3당 구도에서의 영향 등 외부 문제에 대한 분석도 이루어졌다. 나아가 전문가들은 이번 총선 참패 원인의 해결책과 앞으로 나아가야 할 방향에 대해서도 쓴소리를 아끼지 않았다.

　　총선 참패 원인에 대해서는 공천 파동과 집권 여당으로서 책임감 있는 모습을 보여주지 못한 것을 가장 중요한 요인으로 꼽았다. 계파 간 극한 대립 상황에서 리더십은 실종되었고, 밥그릇을 놓고 싸우면서도 계속 지지를 받을 수 있으리라는 착각과 오만이 일반 국민은 물론 지지층까지 외면하게 된 원인이라고 설명했다.

그 외에도 당 내부적으로는 집단지도체제와 여론조사를 활용한 공천 방식 등이 선거 결과에 부정적인 영향을 미쳤고, 홍보 전략 부재와 신뢰를 얻지 못한 공약 등도 문제였다고 지적했다.

전문가들은 분야별로 새누리당이 나아가야 할 방향을 명확하게 제시했다. 참패 원인이 명확히 드러난 만큼 새누리당이 처절한 자기반성을 통해 환골탈태해야 한다고 강하게 피력했다. 국민의 살림살이를 살피고, 국민에게 희망을 줄 수 있는 정책을 펼침으로써 진정한 국민의 편에 서는 집권 여당의 모습을 보여줄 때, 국민의 지지를 되돌릴 수 있다는 것이다. 그에 앞서 당내 친박, 비박 갈등을 해소해 하나로 화합하는 모습을 보여주어야 하며 현 정부와도 수평관계를 유지하는 태도가 필요하다고 조언했다.

20대 총선에 대한 심도 있는 분석과 평가, 향후 국정 운영과 새누리당의 개혁 방향에 대한 각 분야 전문가들의 제안을 함께 들어보자.

전략

"

이한구 공관위원장의 독단이
민심 이반의 원인으로 작용

집권 평가로부터 일정하게 거리감을 두고
미래에 대한 기대감을 보여줘야

"

서울 소재 대학교 정치학과 교수

� ■■■■

새누리당이 20대 총선에서 참패한 원인은 무엇인가?

　"현 정부에 대한 국민의 실망이 컸다. 불통 이미지, 당에 대한 과도한 개입이 반발을 불렀다. 거기에 공천 과정에서의 혼란, 특히 이한구 공관위원장의 독단이 민심 이반의 원인으로 크게 작용했다. 반면에 야당은 김종인 비상대책위원장 선임으로 당내 분란이 어느 정도 해소됐다."

▪ ■■■■

**대통령의 국정 운영 방식이 이번 총선에
어떤 영향을 끼쳤다고 생각하나?**

　"이번 선거는 시기적으로 대통령에 대한 중간평가의 성격이 강했다. 총선 전 대통령 지지자들조차도 국정 운영에 대한 실망감이 컸다. 대통령이 공천 과정에 개입하는 듯한 모습이나 창조경제센터 방문 형식으로 선거에 영향을 주려는 듯한 행동 모두 부정적으로 비쳤다."

▪ ■■■■

**더민주당이 수도권에서 압승하고 영남권에서 선전한 원인은
무엇이라고 생각하나?**

　"수도권은 정치적 변화에 민감한 곳으로 원래부터 새누리당에 유리한 곳이 아니다. 4년 전 19대 총선에서도 민주통합당이 6대4 정도로 새누리당에 앞섰다. 새누리당이 이번 총선을 낙관적으로 본 것은 야당의 분열 때문이었다. 어부지리로 새누리당으로 표가 넘어올 것이라고 예상한 것이다.

하지만 결과는 뒤집혔다. 국민의당 후보 중 수도권에서 경쟁력을 갖춘 후보는 안철수, 김성식, 문병호 정도였기 때문에 야당 지지자들은 당선 가능성이 높은 더민주당으로 쏠렸다. 처음부터 상황이 좋지 않았는데 새누리당이 너무 낙관적으로 생각한 게 결국 패인이 됐다.

영남권은 이전부터 TK, PK가 분리되는 경향이 나타나고 있었다. 그리고 김영춘 의원처럼 오랫동안 지역구 활동을 해온 야당의 유력 인사들이 존재했다. 여기에 대통령에 대한 실망감, 여권의 공천 혼선 등이 겹치면서 야당이 선전했다.

대구는 김부겸 의원의 경우를 제외하면 전적으로 여권의 분란 탓이다. TK, PK 공조의 약화는 앞으로도 이어질 것으로 보인다. 결코 만만하게 생각해서는 안 된다."

💬

국민의당이 호남에서 압승하고, 비례대표에서 약진한 원인은 무엇이라 생각하나?

"호남에서의 압승은 기존 동교동계로 대표되는 호남 본류 정치 세력에 대한 지지를 재확인한 것이다. 이들이 만들어 낸 '친문·친노 패권' 프레임도 효과적으로 작용했다. 그러나 이 압승이 안철수에 대한 적극적인 지지인지는 아직 알기 어렵다. 더민주당에 대한 일시적인 경고 메시지로 보는 것이 더 정확할 것이다.

국민의당이 비례대표에서 약진한 이유는 야당 표와 새누리당 지지층을 함께 잠식했기 때문이다. 새누리당에 실망했지만 더민주당에 표를 줄 수 없는 유권자, 더민주당에 실망했지만 새누리당 쪽으로 갈 수 없는 유권자들이 국민의당 지지로 이어졌다. 따라서 이번 결과를 국민의당에 대한 공고한 지지로 보기는 어려울 것이다."

●●●

새누리당의 지도체제(최고위원회의)가 이번 총선에 미친 영향은?

"정치적 결정과 책임은 같이 가야 하는데 집단지도체제는 한계가 있다. 결정 내리기는 힘들고 책임 소재도 분명히 할 수 없기 때문이다. 이번 새누리당 지도체제는 결국 당내 분란의 모습을 대외적으로 드러내는 자리가 되고 말았다. 총선에 심각한 악영향을 미쳤다."

●●●

이번 총선에서 새누리당의 인재 영입은 잘 이뤄진 것인가?

"오픈프라이머리, 상향식 공천 등 말은 많았지만 실제로 인상적인 인재 영입은 보이지 않았다. 비례대표의 경우 4년 전 이자스민, 조명철 영입은 신선하지 않았나. 이번에는 그런 새로움이 없었고, 친박 우선의 인상이 강했다."

●●●

새누리당의 이번 선거 전략을 총평한다면?

"야당의 분열에 지나친 기대감을 가지면서 자만한 것이 실패의 원인이다. 새누리당 입장에서는 집권 평가로부터 일정하게 거리감을 두고 미래에 대한 기대감을 보여줘야 했다. 당내 갈등과 대통령의 개입으로 그렇게 하지 못한 것이 결정적 패인으로 보인다."

■■■

새누리당의 공천(지역구 및 비례대표)에 대한 평가는?

"더민주당보다도 못한 느낌이었다. 신선한 인재는 찾아볼 수 없고, 구태의연한 현역 중심의 공천이 식상함을 주었다. 무엇보다 비례대표에서 친박 중심으로 공천이 이루어진 것이 좋지 않게 보였다."

■■■

휴대전화 안심번호 여론조사 형식의 지역구 후보자 경선에 대해서는?

"여론조사에 의존하는 공천은 당의 지지층 결속도 안 되고 명분도 없었다. 당의 지지자나 당원을 참여시키기 위한 방안이 모색되어야 한다."

■■■

당원이 배제된 공천 방식이 선거에 미친 영향은?

"지역구에서 당원과 지지자의 관심과 참여를 끌어내지 못한다면 선거 결과가 어떻겠는가. 지지층 결집과 득표력에 부정적 영향을 미쳤을 것이다."

■■■

3당 구도가 이번 총선 결과에 미친 영향과 새누리당의 대응 방식에 대한 평가는?

"국민의당 등장으로 반(反)더민주당, 새누리당 실망층 유권자가 그쪽으로 몰렸다. 더민주당의 경우 분당으로 당내 갈등이 크게 줄어들면서 지지자 흡수에 도움을 주었다. 결과적으로 야당이 총선에서 역할 분담을 한 셈이다.

반면에 새누리당은 총선 전 내분으로 인해 3당 구도에 적절히 대응하지 못했다. 국민의당 등장을 야권 분열로만 간주하는 전략적 오류를 범했다."

. . .

**대선 승리를 위해
새누리당은
어떻게 변화해야 하나?**

"가장 큰 과제는 당내 친박, 비박 갈등을 해소하는 것이다. 또 세대적으로 젊은 정치의 가능성을 보여주어야 한다. 새누리당은 현 정부와 일정하게 선을 긋고 새로운 변화의 가능성을 보여주어야 한다. 현실적으로는 가능할 것으로 생각되지 않는 것이 문제다."

전략

"

총선을 지휘할 리더가 없었다

최고위원회의의 모습은 실망의 끝판왕⋯
흡사 봉숭아학당을 보는 느낌

"

인 명 진   경제정의실천시민연합 공동대표

....

새누리당이 20대 총선에서 참패한 원인은 무엇인가?

"20대 총선은 현 정부를 심판하는 선거였다. 현 정부의 불통에 대해서는 '어떻게 저 정도일 수 있는가'라는 비판이 많다. 총리, 장관, 비서실장도 안 만난다고 할 정도니까. 이에 대한 국민의 실망이 선거에 반영됐다.

집권 이후 세월호 사건, 메르스 사태를 지켜보면서 국정 운영에 대한 국민의 불신은 점점 고조됐다. '유체이탈 화법'도 그렇고, 삼성병원장을 불러서 사과하게 하는 등의 행태가 국민에게 어떻게 보였을지 생각해 봐야 한다.

공천에서 유승민을 배제한 것도 충격적이었다. 민주주의에 대해 생각해 보게 하는 계기가 됐다. 역사 교과서 국정화, 테러방지법 처리 과정 등을 보면서 국민은 민주주의가 후퇴했다고 느꼈다. 이번 선거에서 새누리당으로부터 돌아선 5060세대는 기본적으로 민주화 세대다. 민주주의가 어떻게 이렇게 후퇴할 수 있느냐고 그들은 생각했을 것이다.

경제 정책 실패도 큰 원인으로 작용했다. 대통령이 경제 실패의 책임을 야당에 뒤집어씌웠지만 국민은 다 알고 있다. 법안 한두 개 통과 안 된다고 경제가 안 돌아간다는 것이 억지라는 것을.

새누리당 지도체제인 최고위원회의의 모습은 실망의 끝판왕이었다. 자리에 앉기만 하면 싸우는 게 흡사 봉숭아학당을 보는 느낌이었다. 공천 과정에서 이한구 공관위원장이 보여준 오만함이라니… 공천이 '보이지 않는 손'에 의해 결정되는 모습을 보면서 국민은 '정말 개판이구나'라고 생각한 것이다. 자기 사람을 내리꽂고, 현 정부의 장차관들이 대구로 우루루 몰려가는 걸 보면서 국민은 대통령이 퇴임 후에도 영향력을 행사하려 한다고 걱정하게 된 것이다.

실제로 그렇지는 않았지만 국민은 대통령이 빨간색 옷을 입고 다니면서 선거운동을 한다고 생각했고 거부감을 느꼈다. 종편은 지난 대선에서는 도움이 됐다. 하지만 이제 국민은 정치의 속살을 다 들여다볼 수 있을 만큼 판단력이 생겼기 때문에 종편 또한 이번 선거에서는 불리하게 작용했다."

···

대통령의 국정 운영 방식이 이번 총선에
어떤 영향을 끼쳤다고 생각하나?

"이번 선거는 대통령의 국정 운영에 대한 심판이었다. 국민은 분노하면서 투표장에 가서 심판을 했다. 더 이상 이러면 안 된다고 경고한 것이다. 이대로 가다가는 분명 대선도 힘들다."

···

더민주당이 수도권에서 압승하고 영남권에서 선전한 원인은
무엇이라고 생각하나?

"역시나 정권에 대한 심판 때문이다. 주변 사람들은 이번에 더민주당 후보를 보지도 않고 찍었다고 한다. 더민주당이 좋아서가 아니라 새누리당이 싫어서 그런 것이다. 새누리당은 야권이 분열하니까 이길 거라고 생각했지만, 안이한 자만이었다. 나는 처음부터 야권이 분열되면 여소야대가 된다고 생각했다. 새누리당은 계파 싸움을 하느라 아무 전략도 없이 총선을 치른 셈이다. 무엇보다 이번 총선에서는 지휘자가 없었다."

···

국민의당이 호남에서 압승하고, 비례대표에서 약진한 원인은 무엇이라 생각하나?

"어부지리였다. '새누리당도 더민주당도 싫다'는 사람들이 국민의당을 찍었다. 지난 대선 때 자료를 분석했어야 했다. 그때 박근혜 후보를 마지못해 찍었던 사람들이 다른 선택을 할 수 있는 선택지가 생긴 것이다. 국민의당 후보가 별로 나오지 않았던 영남에서도 국민의당 정당 표는 많이 나왔다. 전국 전체를 보더라도 정당 지지율은 국민의당이 더민주당을 앞섰다.

따라서 나는 제1야당은 국민의당이라고 생각한다. 국민의당은 야권 표뿐 아니라 새누리당 표도 가져갔다. 결국 국민의당으로 가버린 사람들을 다시 끌어올 수 있어야 새누리당이 다음 대선에서 이길 수 있을 것이다."

···

새누리당의 지도체제(최고위원회의)가 이번 총선에 미친 영향은?

"새누리당 최고위원회의는 봉숭아학당이지 않나. 마이크만 갖다 대면 서로 싸우니…. 특히 김태호 의원은 왜 그런지 모르겠다. 서청원 의원도 제일 형님인데 김무성 대표하고 그렇게 싸우는 꼴을 보이고, 원유철 의원도 갑자기 친박으로 변해 난리를 피웠다. 이런 회의를 도대체 왜 해야 하는지 모르겠다. 집단지도체제는 안 된다. 결국 아무것도 못하는 체제 아닌가? 당 대표에게 권한을 줘야 한다."

■■■

이번 총선에서 새누리당의 인재 영입은 잘 이뤄진 것인가?

"인재 영입은 아무도 없었다. 더민주당은 그래도 했다고 본다. 몇 명 데려가서 성공하지 않았나. 청와대 비서관 하던 사람을 데려간 걸 좋게는 안 보지만, 그래도 과감하게 한 편이다. 새누리당은 비례대표도 잘못 추천했다. 이런 걸 인재 영입이라 할 수 있겠나!"

■■■

새누리당의 이번 선거전략을 총평한다면?

"결과가 다 나왔는데 무슨 총평인가. 내가 당의 윤리위원장을 할 때도 친이, 친박들이 엄청나게 싸웠다. 당의 윤리위가 기능을 잘해서 서로 싸우고 분란이 일어나면 그걸 못하게 해야 했다. 혁신도 목표가 있어야 한다. 정권 재창출 등을 위해 목표를 정해놓고 혁신해야 하는데, 고작 하는 얘기가 특권 내려놓기 이런 것들이다. 말하자면 심장이 고장났는데 허벅지 긁고 있는 격이다. 형식적으로 대충 하는 것은 국민이 다 알게 된다."

■■■

새누리당의 공천(지역구 및 비례대표)에 대한 평가는?

"김무성 대표도 완전국민경선을 하겠다고 했는데 웃기는 말이었다. 여론조사가 얼마나 엉터리인지 다 아는데, 그걸로 공천을 한다니…. 공천은 당이 책임지고 해야 하는 것이다. 게다가 이한구 의원을 데려와 공천을 하다니…. 공천에 대한 신뢰는 위원장을 보고 생기는 것이다. 공천관리위원회 구성부터 잘못됐다. 차라리 국민공천제를 하지 말고 위원장을 누구로 할지 국민에게 물어봐야 했다. 공천위원들이 과연 공천할 만한 사람들인지도 봐야 한다. 이한구 공관위원장이 TV에 나올 때마다 10만 표, 20만 표씩 떨어져 나갔다는 얘기도 있다."

···

당원이 배제된 공천 방식이 선거에 미친 영향은?

　　"당원이 배제되면서 지지층 결집이나 득표력에 문제가 많았다. 책임 당원들의 의견을 듣고 그들이 공천을 해야 한다. 다소 논란이 있을 수 있지만 전략공천도 필요하다. 상대 후보도 보고, 여러 변수도 생각해서 필요한 전략 공천은 해야 하는 것이다. 내리꽂기, 정실공천 등이 문제이긴 하지만 공정하게만 한다면 전략공천도 나쁘지 않다. 국민이 누가 공천권 달라고 했나? 공천은 당이 책임지고 해야 한다."

···

3당 구도가 이번 총선 결과에 미친 영향과 새누리당의 대응 방식에 대한 평가는?

　　"3당 구도는 1987년 체제에 대한 심판이다. 양당 체제는 안 된다는 것이다. 양당 체제와 짝을 이루는 것이 대통령 5년 단임제다. 역대 대통령들이 다 실패했다. 대통령 선거 때마다 모두 최고의 후보라는 사람들을 대통령으로 뽑았지만 실패를 반복했다. 양당 체제와 대통령 단임제, 그 제도에 문제가 있었기 때문이다.

대통령 5년 단임제, 양당 체제는 안 된다는 데에 총선 민의가 있다. 이 민의를 정치권에서 법제화해야 한다. 그게 개헌이다. 새누리당이 살 길은 개헌 밖에 없다. 지금 대통령 후보도 없지 않나? 앞으로 대통령 후보를 내더라도 분당 사태가 올 수 있다. 이걸 막으려면 분권형 개헌, 이원집정부제 개헌을 해야 한다. 총선 전 공천권을 무기로 개혁했어야 하는데 놓쳐버렸다. 이미 4년 보장된 국회의원들이 들어앉았으니 이제 개혁은 힘들어졌다. 강력한 대권후보라도 있다면 가능하겠는데, 이제 무슨 힘으로 개혁을 하겠나?"

> ● ● ●
> 대선 승리를 위해
> 새누리당은
> 어떻게 변화해야 하나?

"새누리당은 강도 높은 개혁을 해야 한다. 그리고 대통령은 새누리당을 두 야당과 똑같이 취급해야 한다. 새누리당은 대통령 눈치 보지 말고 강력한 개혁을 해야 한다. 대통령은 3당을 동등하게 대하면서 협치를 해야 하는 상황이다. 대통령과 새누리당이 서로 붙잡고 엉켜 있는 한 다음 대선은 어렵다. 새누리당은 정권 재창출이 어렵고, 대통령은 남은 2년의 국정 성공이 어렵다. 그래서 대통령은 결국 탈당해야 한다."

여론조사

"

여론조사 공천이 선거 참패의 원인 중 하나
여론조사 방법론 개발, 연구 위해 정당도 투자해야

"

홍 영 림   조선일보 여론조사팀장

••••

새누리당이 20대 총선에서 참패한 이유를 무엇이라고 보나?

"보수층의 지지 철회 때문이다. 여당은 현 정부 출범 이후 경제를 발전시키고 국민을 편안하게 해줄 수 있는 능력을 보여준 게 없다. 경제를 발전시킬 수 있는 능력이 없다면 보수 정당으로서 설 자리는 없고 보수층은 떠날 수밖에 없다. 그런데 새누리당은 공천 과정에서 '밥그릇'을 놓고 다투면서도, 계속 지지를 받을 거라는 대단한 착각에 빠져 있었다. 보수층은 언제까지나 새누리당 편이라는 근거 없는 믿음이 강했기 때문이다."

••••

**휴대전화 안심번호 여론조사 형식의 경선을 통한 지역구 후보자 확정 방식은
긍정적인 역할을 했나?**

"'국민에게 공천권을 돌려준다'는 명목으로 휴대전화 안심번호 경선을 도입했지만, 결과적으로는 지난 총선의 패인 중 하나로 분석된다. 여론조사를 공천에 활용한다고 하니 후보들이 어떻게 했겠나. 자체 대비를 한답시고 여론조사에서 응답을 잘 해달라는 문자 폭탄을 날리고, 음성 메시지도 시도 때도 없이 보냈다. 이 과정이 국민에게 혐오감을 줬다. 새누리당 후보들은 '정책 대결은 하지 않고 여론조사로만 경쟁한다'거나 '홍보 문자와 전화, 여론조사가 너무 지겹다. 이런 식의 홍보에만 열중하는 새누리당도 지겹다'는 것이다. 앞으로도 당원을 대상으로 한 선진국형 경선을 하지 않고 여론조사를 활용해 일반 국민에게 공천을 떠넘길 경우 새누리당의 미래는 없다."

**응답률이 낮은 ARS(유선전화 임의걸기 방식)를 통한
당락 예측 및 판세 분석 등에 대해서는?**

"새누리당이 자체적으로 ARS를 활용해 판세를 분석하는 것은 스스로 과학적인 분석을 포기하는 일이다. 면접원을 활용한 일반 전화조사도 응답률이 낮아지는 추세인데, 응답률이 1%도 채 안 되는 ARS로 판세를 분석하는 게 말이 되나. 앞으로는 보다 과학적이고 정확한 방식을 선택해야 한다. 새누리당부터 ARS 조사를 끊어, 각종 선거에서 활용된 ARS 조사를 퇴출시키는 역할에 앞장서야 한다."

●●●

**새누리당 160석 이상 획득을 예측한 여론조사, 여기에 편승한 각종 언론의 보도가
총선 결과에 어떤 영향을 미쳤다고 생각하나?**

"새누리당이 160석 이상을 획득할 것이란 각종 여론조사와 언론의 보도는 결과적으로 두 가지 측면에서 새누리당에 크게 부정적인 영향을 미쳤다. 첫 번째는 새누리당의 긴장감을 떨어뜨리는 결과를 낳았다. 선거운동을 대하는 자세에서 절박성이 야당에 비해 떨어질 수밖에 없었다.

두 번째는 유권자에게 밴드왜건(편승효과)의 역풍을 불게 한 결과를 낳았다. 여당 지지층에겐 꼭 투표하지 않아도 여당이 승리할 것이란 인식, 야당 지지층에겐 꼭 투표해서 야당을 도와야겠다는 인식을 심어줬다. 언론의 여론조사가 판세를 잘못 읽고 있었다면 새누리당이 적극적인 반론을 통해 바로잡아야 했지만, 스스로도 판세를 오판해 안이하게 대처한 것으로 보인다."

···

**앞으로 선거 관련 여론조사 예측 방식의 문제점을 보완할 방법에는
무엇이 있을까?**

"언론사에도 휴대전화 안심번호를 활용할 수 있게 하고, 여론조사 공표
금지 시한도 폐지해 정확한 선거 예측이 가능하도록 하는 것이 시급하다. 언론
과 여론조사 회사들이 정확한 예측 조사를 실시하기 위해서는 조사 방법론의
개발을 위한 연구가 필요하다. 각 정당은 이 같은 연구개발에 지원과 투자를
시작해야 한다. 정당 자체적으로 판세를 파악하는 방법도 있다. 그럴 경우 최
고의 전문가들과 함께 정밀한 방법론을 합당한 비용으로 실시해야 한다."

> ● ● ●
> **이번 총선에서
> 새누리당 여의도연구원
> 여론조사에 대한 평가는?**

"여의도연구원 여론조사는 휴대전화 안심번호를 활용했음에도 판세가
정확하지 못했다는 평가가 있다. 여의도연구원은 외부 유력 조사 회사들과의
협업을 통해 판세를 정밀하게 파악해야 한다. 또 선거가 임박한 시점에서 여
론조사, 예측조사의 방법을 고민하지 말고 평상시부터 고민해야 한다. 선거
를 염두에 두고 정확한 방법론의 개발을 위해 학계-조사업계-언론 등과 함
께 공동 연구를 실시해 실력을 키워야 할 것이다."

여론조사

일반 국민 의견을 반영할 경우
휴대전화 안심번호의 도입은 불가피

신인들의 선거운동 제한을 완화하는 방안 함께 검토
선거 결과 예측은 투표율, 투표의향 등까지 반영해야

윤 희 웅   오피니언라이브 여론분석센터장

●●●

새누리당이 20대 총선에서 참패한 원인이 무엇이라고 생각하나?

"지지층의 외면을 자초한 공천 파동이 가장 큰 원인이다. 선거란 지지층에게 투표의 근거를 제공해 주는 게임이라고 할 수 있다. 그런데 새누리당의 공천 과정은 오히려 지지층에게 지지 철회의 근거를 제공해 주는 기능을 했다. 지지층은 투표에 참여할 명분을 잃었고, 실제로 선거를 외면했다.

계파 간 극한 대립 상황에서 리더십도 실종됐다. 집권 여당으로서의 책임감 있는 모습은 찾아볼 수 없었고, 여권 내 권력 획득과 방어에만 집중하다 보니 공당의 이미지를 상실했다. 정권 후반기에 실시된 선거이다 보니 보수층의 결집이 약해진 것도 이유다. 그 외에도 국민의당 출현으로 정당투표 등에서 새누리당으로부터의 이탈이 수월해진 것도 패인 중 하나다."

●●●

휴대전화 안심번호 여론조사 형식의 경선을 통한 지역구 후보자 확정 방식은 긍정적인 역할을 했나?

"경선 방식의 정답은 없다. 여론조사 반영 폭을 넓히면 당원을 외면한다는 비판이 나오고, 당원 비중을 대폭 강화하면 민심을 외면한다는 비판에 직면할 수밖에 없다. 어떤 방식을 적용하더라도 문제는 생긴다. 따라서 사전에 충분한 합의를 이루어내는가, 공정하고 투명하게 진행되는가가 관건이다.

다만 일반 국민 의견을 반영할 경우, 휴대전화 안심번호의 도입은 불가피하다. 직접 경선장에 참여하는 방식은 참여율 저하로 인한 흥행 실패 가능성이 높다. 또한 안심번호가 아닌 가구전화를 대상으로 하면 조작 가능성으로 더 큰 비판을 받을 수 있다. 안심번호제는 현 시점에서 가장 나은 대안으로 보인다.

다만 경선 기간에는 선거에 대한 관심도가 높지 않으므로 지역 유권자에게 이미 알려져 있는 현역들이 절대적으로 유리하다. 따라서 앞으로는 신인들의 선거운동 제한을 완화하는 방안도 함께 검토해야 한다. 또한 안심번호제를 활용하더라도 정당의 지지층을 고려해야 한다. 새누리당의 경우 지지층의 세대별 구성을 감안해 차등 반영할 필요가 있다."

●●●

응답률이 낮은 ARS(유선전화 임의걸기방식)를 통한
당락 예측 및 판세 분석 등에 대해서는?

"ARS 조사는 통상 일반인들의 거부율이 높아 응답률뿐 아니라 응답자의 대표성에도 한계가 있다. 보수성향층이 주로 참여하고, 투표율이 30% 정도에 그치는 재·보궐선거에서는 어느 정도 예측성이 있다. 그러나 투표율이 50%를 상회하는 지방선거와 총선에서는 정확도에 대한 추가적인 검증과 보완이 필요하다. 특히 우리나라처럼 이사가 빈번하고, 신도시 형성이 잦은 경우 유선전화 방식은 향후 한계가 더욱 커질 것으로 보인다."

●●●

앞으로 선거 관련 여론조사 예측 방식의 문제점을 어떻게 보완해야 하나?

"먼저 공표 금지기간을 폐지하거나 대폭 축소해야 한다. 유권자의 지지후보 선택은 대개 선거 전 일주일 사이에 집중적으로 이루어진다. 즉, 마지막 판세 흐름에 큰 변화가 있을 수 있기 때문에 6일 이전 조사 결과와 선거 결과를 단순 비교하는 것은 적절치 않다.

　　또 선거 결과 예측은 투표율, 투표 의향 등을 반영해야 한다. 여론조사 결과는 선거 결과 예측치가 아니다. 선거 결과는 투표한 사람들만의 여론인데 비해 여론조사 결과는 투표하지 않을 사람들까지 포함한 여론으로 모집단의 차이가 존재한다. 여론조사 결과는 결과값 그대로 발표하되, 선거 결과를 예측하는 발표는 세대별 (예상)투표율, 투표 의향 등을 감안해 재산정해야 한다.

　　세 번째로 다양한 방식의 여론조사를 시도하고 이를 비교, 평가하는 작업이 필요하다. 먼저 어떤 방식에서 어떤 문제가 있는지 정확히 파악하고, 이후 선거 과정에서는 가구전화, 휴대전화, 안심번호, ARS, 면접원 방식, 온라인 및 모바일 방식, 대면면접조사, 애플리케이션 방식 등 다양한 방식을 각각 또는 혼합 방식으로 시도해 봐야 한다. 실제 결과와 어떤 차이가 있는지, 개별적 특성은 어떤지를 살펴본 후 지속적으로 개선해 나가야 할 것이다.”

> ● ● ●
>
> **160석 이상 획득을 예측한 여론조사와 언론 보도가 총선 결과에 미친 영향은?**

　　“새누리당의 승리 가능성이 높다는 뉘앙스의 보도가 많았고, 이것이 새누리당 지지층의 긴장도를 낮췄다는 해석이 있지만, 실제 그 영향력이 크다고 보기는 어렵다. 일반 국민, 특히 보수 성향의 유권자들이 선거 승패를 고려해 전략적으로 투표한다고 보기는 어렵기 때문이다. 오히려 공천 과정에서의 실망감이 투표에 결정적인 영향을 준 것으로 본다. 선거 후반 보도 기류를 보면 전반적으로 새누리당의 공천 과정에 대한 비판적 흐름이 존재했다.”

여론조사

"

안심번호 여론조사도 공천 후보
결정 수단이 되기엔 위험

ARS는 정보로서의 가치를 인정받기에는 어려운 조사 방법…
정당과 언론은 조사의 질 판단할 수 있는 역량 갖춰야

"

박 민 규 고려대학교 통계학과 교수

:::

새누리당이 20대 총선에 참패한 원인이 무엇이라고 생각하나?

"한마디로 국민이 처한 현실과 민심의 소재를 제대로 파악하지 못했기 때문이다."

:::

휴대전화 안심번호 여론조사 형식의 경선을 통한
지역구 후보자 확정 방식에 대해 어떻게 생각하나?

"방법론에 앞서 여론조사를 통한 경선 방식에 회의적이다. 정당 내 평가를 통해 후보를 결정하는 것이 올바르다. 여론조사 결과는 이를 위한 참고 자료에 불과하다.

안심번호를 통한 여론조사는 개인정보 보호 그리고 표본의 모집단 대표성 확보 측면에서 개선된 부분이 있다. 그러나 기본적으로 전화 조사가 갖는 한계는 벗어나기 힘들다. 여전히 응답률은 낮고 이로 인한 무응답 오차 및 비표본 오차가 존재할 수밖에 없기 때문이다.

조사를 통해 생산된 수치는 오류를 포함한다. 한계 허용 오차는 실제 조사 과정에서 발생하는 모든 오류를 포함하는 것이 아니다. 경우에 따라서는 제공된 한계 허용 오차의 열 배 이상의 오차가 있을 수 있다. 따라서 이러한 점들을 감안하지 않고 단순 수치만으로 후보를 결정하는 것은 바람직하지 않다."

•••

**응답율이 낮은 ARS(유선전화 임의걸기방식)를 통한
당락 예측 및 판세 분석 등에 대해서는?**

"ARS 조사는 응답률의 급격한 저하, 거짓 응답에 대한 판단 불가 등
의 이유로 측정 오차가 급격하게 증가한다. 따라서 예측 결과에 심각한 손상
을 야기할 수밖에 없다. 조사 자료는 일정 수준 이상의 신뢰도를 가지고 있을
때 정보로서의 의미가 있다. ARS 조사 결과는 비용이 적게 들어간다는 장점
이 있지만, 정보로서의 가치를 인정받기는 어렵다. 결국 이 자료를 근거로 내
린 의사결정 역시 상당한 오류를 내포할 수밖에 없다."

•••

**새누리당 160석 이상 획득을 예측한 여론조사와 각종 언론의 보도가
총선 결과에 어떤 영향을 미쳤다고 생각하나?**

"야당 지지층의 결집과 여당 지지층의 이완 등을 유발했을 수도 있다.
하지만 그보다 여론조사 결과들이 새누리당 지지층의 안일함을 불러일으켰고,
그것이 여소야대 결과로 귀결되었다고 본다."

•••

현행 여론조사 업체가 가지고 있는 한계와 문제점은?

"결국은 비용의 문제로 귀결된다. 싸구려 여론조사를 선호해 마구 사
용하는 소비자가 있는 이상 여론조사의 품질은 개선될 수 없다. 대부분의 사
용자는 통계적 그리고 비통계적 문제점들을 잘 알고 있다. 대표적인 것들이

응답률, 대표성, 법적인 문제로 인한 개인정보 수집의 한계 등이다. 이러한 한계들 중 일부는 법률과 제도 개선을 통해 이루어질 수 있다. 그러나 무엇보다 정당과 언론사 등 조사를 의뢰하는 기관이 조사의 질을 판단할 수 있는 객관적 지식과 역량을 가져야 한다. 조사 비용의 현실화 역시 이에 근거해 이루어져야 한다."

> • • •
> 앞으로 선거 관련
> 여론조사 예측 방식의 문제점을
> 어떻게 보완해야 하나?

"먼저 여론조사 방법론 자체의 개선이 필요하다. 무응답을 줄이는 문제, 대표성을 확보하는 문제 등이 해결되어야 한다. 이를 위해서는 우선 비현실적인 조사 비용을 개선해야 한다. 필요한 비용을 발주 기관에서 부담하면 질 낮은 조사의 남발이 줄어들고 여론조사 기관(업체)은 무응답자 비율을 줄이기 위해 노력할 것이다.

둘째로는 각 기관(정당)에서 여론조사 결과를 이용한 자체 예측 모델을 설계해야 한다. 단순히 여론조사 결과를 나열하는 것이 아니라 이를 '인풋 (input)변수'로 활용해 실제 선거 결과를 예측해야 한다. 따라서 여론조사 결과와 그 결과를 토대로 한 예측은 별도로 이루어져야 한다. 선거 결과를 예측하는 언론의 보도 역시 나름의 논리와 이론을 가지고 실행되어야 한다."

홍보

"

태평성대 외치다 위기 맞아,
비전 · 목표 · 철학 재구축해야

진정한 홍보는 '쇼잉'보다 본질에 대해 고민하는 것…
어느 한 사람이 좌우할 수 없는 시스템 구축해야

"

홍보전문가(익명)

●●●

새누리당이 20대 총선에서 참패한 이유를 무엇이라고 보나?

"동상이몽 형국이었다. 광고홍보, 조직, 공천, 이런 것들이 전부 따로 진행됐다. 새누리당 내부 관련자들 간에도 의미 공유가 안돼 '새누리당의 비전이 뭐냐'고 물어보면 제대로 대답하는 사람이 없었다. 리더의 기능과 역할도 제대로 작용하지 않았다.

광고계 용어 중에 '뱀파이어 광고'라는 게 있다. 광고는 엄청나게 잘됐는데 클라이언트는 망하는 경우를 말한다. 새누리당의 캠페인과 CF도 이런 경우에 속한다. 사람들 입에 오르내렸지만 선거에서는 졌다. 이렇게 망하지 않도록 시스템으로 걸러내야 했다.

선거 홍보를 위해서는 현 정세의 포인트가 어디에 있느냐를 파악해야한다. 반바지 유세 등은 정세가 안정돼 있을 때 가능한 것인데, 2014년 지방선거와 재·보궐선거 때 통했다고 총선에서도 통할 거라고 생각하면 곤란하다. 제대로 상황 분석을 못하니 이렇게 되는 것이다.

일상적이고 안정적일 때는 그것을 깨는 방식으로 가야 하지만 동요되고 균형감이 깨져 있을 때에는 안정감을 주는 이성적 방식으로 접근해야 한다. '비이성적'이고 '자극적'인 쇼처럼 하면 안 되는 것이다. 그런데 새누리당의 이번 선거 홍보는 거의 날아다니는 분위기였다. 이지적이고 설득력 있는 전개가 필요했는데 코믹하기만 했고 메시지가 없었다.

총선에서 홍보가 잘못됐다고 공격을 받는다면 홍보책임자가 이를 방어해야 한다. 하지만 아무도 얘기하는 사람이 없었다. 총선 때 실수가 있었다면, 잘못했다고 용서를 구하는 것도 홍보다."

···

20대 총선 새누리당 홍보에 대한 총평을 한다면?

"'쇼잉'이 너무 많았다. 목표가 '쇼'였다고 해도 '쇼'도 너무 뻔한 '쇼'였다. 이번 총선 홍보에서의 가장 큰 문제는 기본을 잃어버렸다는 것이다. 어디로 가야 할지 방향감각도 사라지고 상황 인식과 분석도 제대로 안 했다. 이것은 광고홍보 파트뿐 아니라 모든 파트에 해당되는 얘기다. 사실 광고홍보가 모든 걸 할 수 있다고 우길 때는 이것을 점검하는 체크리스트나 크로스체크할 수 있는 시스템이 있어야 하는데, 이번에는 그런 게 전혀 없었다.

또 하나의 문제점은 타기팅이 너무 약했다는 것이다. 선거에서는 홍보를 해도 안 되는 층은 포기하고, 바뀔 수 있는 층은 세분화해 타깃을 명확히 잡아야 한다. 시나리오를 미리 준비해 놓고, 그때그때 맞게 홍보해야 했는데, 준비가 부족했다."

···

더민주당과 국민의당 홍보에 대한 평가는?

"홍보 측면에서 특출난 당은 없다. 다만 '문제는 경제다. 정답은 투표다'라는 더민주당 슬로건의 경우 'what to say(무엇을 말할 것인가)'는 잘 맞췄다. 경제 이슈는 언제나 나오는 것이긴 하지만 이번 선거에서는 이것을 넘어설 다른 이슈가 없었기 때문에 차선이 곧 최선이 됐다. 국민의당은 특별한게 없었다. 안철수 대표가 '직접 말하라' 즉, 'tell it' 전략을 쓴 것은 잘했다고 볼 수 있지만, 'what to say'는 없었다.

결국 야당이 절대적으로 잘해서가 아니라 새누리당이 못해서 상대적으로 야당이 잘한 것처럼 보인 것이다."

●●●

새누리당의 슬로건(뛰어라 국회야)과
야당의 슬로건(문제는 경제다, 정답은 투표다)을 비교해 평가한다면?

"새누리당의 이번 슬로건은 가장 기본인 'what to say'에서부터 잘못
돼 있다. 국민이 무엇에 화를 내고 있는지, 무슨 이야기를 하면 국민이 즐거
워할지 알고 있어야 하는데, 그것조차 파악이 안 됐다. 그러니 새누리당 슬로
건이 먹혀들었을 리 없다.

문제는 'what to say'를 결정하는 것이 홍보 파트가 아니라는 것이다.
이걸 정하려면 조직, 기획, 총무까지 모두 필요하다. '메이킹 메시지(what to
say)'는 방향이자 동시에 전략이기 때문에 많은 사람의 의견이 모아져야 한다.
홍보 대상의 정서가 뭔지, 마음이 뭔지를 읽고 있다가 길목에서 기다려야 한다.
즉, 유권자의 심리를 알고 설득해야 한다는 것이다.

그러기 위해서는 걸러지는 시스템, 집합되는 시스템, 수렴되는 시스템
이 필요하다. 'how to say(로직을 매직으로 만드는 것)'는 전문가가 하는 것
이지만, 'what to say'는 반드시 시스템을 거쳐서 만들어야 한다."

●●●

홍보 동영상(무성이 옥새 들고 나르샤, 반다송-반성과 다짐의 노래)에 대한 평가와
그것이 표심에 미친 영향을 평가한다면?

"어떤 것에 대해 쉽게 확신하는 사람은 위험하다. 진짜 프로는 고민
한다. 프로에게 두려움이 있는 건 책임감과 양심 때문이다. 조화가 생화 속
에 숨어 있을 때는 훨씬 돋보이는데, 그걸 가려내야 한다. 그래서 항상 오픈
된 체제에서 결정이 이뤄져야 하는 것이다. 어떤 일이 홍보 때문에 성공했는

지 아닌지 90%는 모른다. 그래서 묻어 가는 것이다. 단순히 홍보 동영상 평가 전에 '쇼잉'보다 본질에 대해 고민했는지 생각해 봐야 한다."

●●●
국민과의 계약서(공약 불이행 시 세비 반납)를 콘셉트로 한
신문광고 및 홍보에 대한 평가는?

"새누리당 홍보의 가장 큰 문제는 '1년치 세비 반납 계약서 쓰기'였다. 아이디어는 굉장히 좋았지만 메시지를 수용할 사람들의 입장을 생각해 보지 않았다. 국민이 정치인에 대해 신뢰를 갖고 있다면 효과를 볼 수 있겠지만, 지금 정치인이 존경과 신뢰를 받고 있나? 김수환 추기경이 아마 그런 걸 했다면 상당히 임팩트가 있었을 것이다. 정치인들이 그런 걸 하니까 국민이 보기에 무슨 장난처럼 느껴졌을 것이다. 국민이 믿지도 않을뿐더러 오히려 역효과만 났다."

●●●
역대 선거와 비교할 때 20대 총선 새누리당의
TV광고(뛰뛰빵빵, 마더센터)에 대한 평가는?

"'뛰뛰빵빵' 홍보 동영상은 가볍고 명랑하고 즐거운 톤이다. 이 같은 톤은 안정돼 있을 때는 맞겠지만, 당시 상황과는 맞지 않는 것이었다. 상황분석이 전혀 안 돼 있었던 것으로 보인다."

> . . .
> 앞으로 선거에서 새누리당의
> 홍보 방식에 대한 변화가 필요하다면
> 어떤 방향이어야 하는가?

"먼저 선거 상황과 국민의 정서에 대한 진단과 처방이 중요하다. 양 세력 간에 힘이 비슷할 때는 작은 깃털 하나라도 더 보태지는 쪽으로 기울어진다. 홍보가 하는 역할이 바로 그것이다. 직능, 홍보 등 각 파트가 해야 할 부분을 정리해 주고 메시지를 보면서 하나하나 반응을 체크해 나가야 한다. 주어진 시간 안에 한정된 자원을 어떻게 효율적으로 활용하는가에 따라 결과가 달라진다. 실제로 선거에서는 아무런 효과가 없더라도 입막음을 위해 하는 경우도 있는데, 그런 식으로 하면 아무런 영향력도 줄 수 없다.

이번 선거에서는 홍보의 기본이 완전히 무시됐다. 접근하는 프로세스에도 문제가 있었다. 집행 전 단계, 집행 단계, 집행 후 단계, 이 세 단계가 일련의 시스템으로 움직일 때가 가장 이상적이다. 이렇게 되면 평균은 할 수 있다. 홍보를 집행하는 과정에서도 국·실장 회의, 본부장 회의 등으로 전달됐다가 다시 피드백을 받는 선순환 시스템이 갖춰져야 한다. 당 대표든 홍보책임자든 누구도 혼자서는 할 수 없게 필터링할 수 있는 시스템을 만들어야 한다. 시스템과 조직이 구축돼 있으면 어떤 책임자가 와도 능히 해낼 수 있다.

물론 대선에서는 이런 평균적 시스템을 깰 필요가 있다. 대박은 기존의 것이 아닌 곳에서 나오기 때문이다. 하지만 대박을 위해 모든 걸 없애버린다면 그것은 안 될 일이다. 표준적인 시스템과 프로세스를 만들어 놓으면, 새로운 변화에도 흔들림이 없을 것이다."

홍보

"

주목도 제고보다 어젠다를 던지는
커뮤니케이션이 중요

수용자 입장에서 전혀 공감대가 없고 너무 희화화된 느낌의 홍보 많아…
새누리당이 지켜야 할 가치가 무엇인지를 먼저 고민해야

"

강 함 수 에스코토스 대표

●●●

새누리당이 20대 총선에서 참패한 원인은 무엇이라고 생각하나?

"첫째, 어젠다가 보이지 않았다. 둘째, 공천 절차가 비민주적이었다. 셋째, '과반'을 차지할 것이라는 메시지가 너무도 당연한 듯 노출되었다."

●●●

20대 총선 새누리당 홍보에 대한 총평은?

"홍보 메시지보다는 공천 과정에서 발생한 여러 사건·사고와 최고위원 간의 갈등, 주요 책임 리더들의 개인 메시지가 더 부각되었다. 특히 종편에서 그런 갈등 상황이 여과되지 않은 채 계속 노출됐는데, 이는 새누리당 지지 유권자들에게 이탈의 여지를 주었다. 세월호 사건 이후 재·보궐선거에서는 '감정적 호소' 메시지가 먹혔지만, 이미 거기에 익숙한 부동층의 유권자나 기존 지지자들 중 합리적 성향의 국민에게는 부정적인 영향만 준 것 같다."

●●●

더민주당과 국민의당 홍보에 대한 평가는?

"더민주당의 경우, 새누리당의 당명 변경 등을 벤치마킹했다. '더민주'라는 당명이 메시지 사운드바이트로 활용 가능해 홍보가 자연스럽고 일관되며, 통일된 느낌을 줬다. '더'와 '더불어'라는 단어로 유권자를 연결시키고 '필리버스터'식으로 다양한 상황과도 연결이 가능했다. 이것이 자연스러운 홍보 효과가 됐다고 생각한다.

또한 지역별로 현수막이 파란색으로 통일되고 메시지가 보다 명확해지면서 주목도가 매우 높았다. 국민의당의 경우에는 홍보 역량이 호남, 광주 지역에 집중되면서 그 외 지역에서는 접하기 어려웠다."

:::

새누리당의 슬로건(뛰어라 국회야)과
야당의 슬로건(문제는 경제다, 정답은 투표다)을 비교해 평가한다면?

"일하는 국회를 만들겠다는 방향성은 의미가 있지만 해당 메시지는 너무 1차원적이지 않았나 싶다. 국회가 일하지 않는다는 비판은 새누리당에도 똑같이 적용되는 내용이기 때문이다. '정신 차리자 한순간 훅 간다' '청년이 티슈도 아니고 왜 선거 때마다 쓰고 버리십니까' '잘하자 진짜' '백번의 말보다 한번의 실천이 진짜' 이런 소프트한 메시지를 홍보 메시지로 활용했는데, 정책을 입안하고 국가를 운영하는 여당의 입장에서는 더 진지한 캐치프레이즈가 나왔어야 했다.

여당의 경우, 반성이나 개선의 방향성을 분명히 하고 좀 더 구체적인 내용을 전달하는 노력이 필요하다. 반면에 야당의 슬로건은 익숙하긴 하지만 문제점을 분명히 내세우고 그것을 투표를 통해 바꿔야 한다는 메시지가 담겨 있다."

:::

홍보 동영상(무성이 옥새 들고 나르샤, 반다송—반성과 다짐의 노래)에 대한
평가와 그것이 표심에 미친 영향을 평가한다면?

"젊은 유권자나 무당층을 대상으로 한 홍보 영상 콘텐츠의 경우 타깃

대상을 기획 단계부터 명확히 해야 한다. 또한 전달하려는 메시지와 콘텐츠의 톤앤매너는 서로 연관성이 있어야 한다. 그렇지 않으면 대단히 유치하게 느껴지고, 온라인을 통해 부정적으로 패러디 버즈가 만들어질 수 있다. 그리고 동영상에 선거 주체(선거에 출마하는 사람들)와 유권자가 동시에 출현할 경우 '신뢰성'이 떨어질 여지가 있다.

그런 측면에서 반다송은 기획 의도도 알 수 없고, 촬영 연출 또한 급조된 듯 낮은 수준을 드러냈다. 뒤에 서 있는 위원들과 앉아 있는 선거 자원봉사 대학생들도 조화는커녕 불편해 보였다. 진지해야 하는지, 웃어야 하는지 나오는 사람들마다 애매한 입장이 표정에 반영됐다."

📱

국민과의 계약서(공약 불이행 시 세비 반납)를 콘셉트로 한
신문광고 및 홍보에 대한 평가는?

"국민과의 계약서 콘셉트 광고는 대단히 '광고적'이라고 본다. 계약이란 쌍방의 행위인데 이것은 주체가 일방적으로 '푸싱(pushing)'하는 메시지다. 공약을 이행하는 것은 정당으로서, 당선된 국회의원으로서 당연히 해야할 일이다. 1년치 세비 반납과 맞바꿀 이유가 없다.

광고 커뮤니케이션 입장에서 보면 해당 광고 콘셉트는 매우 임팩트 있고 주목도를 높였다. 5대 공약에 대한 인지도를 높이는 역할은 했다고 본다. 그러나 그것이 오히려 선거 이후 발목을 잡지 않을까. 이런 광고적 접근은 맥락과 이해관계를 충분히 고려하지 않은 데서 비롯된다. 새누리당의 입장에서는 공약 이행의 의지를 보여주는 것이 핵심이었겠지만, 국민 입장에서는 더 신뢰감 가는 홍보가 필요했을 것이다."

:::

역대 선거와 비교할 때 20대 총선 새누리당의
TV광고(뛰뛰빵빵, 마더센터)에 대한 평가는?

"새누리당 광고는 그간의 선거 광고와 비교해서 대단히 젊어졌다. 그러나 표현 형식이 젊어지고 온라인이나 젊은층 친화적으로 변했다는 것이지, 내용과 콘셉트가 그렇다는 것은 아니다. 뛰뛰빵빵 영상물은 '뛰어라 국회야'의 핵심 슬로건을 1차원적으로 표현한 형식이다. 수용자 입장에서는 전혀 공감대가 없고 너무 희화화된 느낌이다. 출연한 의원들과도 전혀 어울리지 않는다. '독일의 마더센터' 아이디어는 '공약 이행 계약서' 신문광고와 상대적으로 배치되는 의미를 주고 있다. 급조된 정책 아이디어를 광고 형식으로 제시하는 것은 국민이 받아들이기 힘들다."

앞으로 선거에서 새누리당의
홍보 방식에 대한 변화가 필요하다면
어떤 방향이어야 하는가?

"새누리당이 지켜야 할 가치가 무엇인지를 먼저 고민해야 하지 않을까. 전통적인 지지층이 생각하는 근본적인 지지 가치를 찾고, 그것을 바탕으로 홍보 핵심 메시지를 일관되게 지킬 수 있도록 해야 한다. 단순히 관심과 주목을 끄는 식의 접근이 아니라 지지층이나 국민에게 하나의 어젠다를 던져줄 수 있는 커뮤니케이션 방향을 고려해야 할 때다."

정책 · 공약

"

대선은 총선과 공약부터 달라,
국민의 능동적 참여가 담보되고 제시돼야

'한국형 양적완화'는 전형적인 일회성, 정치공학형 공약…
가장 큰 문제는 새누리당이 정책 문제를 주도하는 것이 아니라는 인식을 심어준 것
"

목 진 휴 국민대학교 행정학과 교수

●●●

새누리당이 20대 총선에서 참패한 원인은 무엇이라고 생각하나?

　　"먼저 총선을 민심 수렴의 도구가 아닌 정치적 세력의 확장이나 수성을 위한 관문으로 생각했기 때문이다. 선거의 준엄한 목적을 망각하고, 선거가 소비자인 유권자의 선택에 따라 결과가 좌우된다는 점을 무시한 결과이기도 하다. 이러한 무례함은 폭거에 가까운 공천 행태로 나타났다. 전직 원내대표나 당 주요직을 거친 후보가 당 정체성과 맞지 않아 공천되지 못한다는 논리는 유권자의 시각에서는 괴변에 가까운 논리였다. 그리고 한국형 양적완화와 같은 공약도 너무 일회적, 일방적, 정치공학적인 면을 드러내 패인으로 작용했다."

●●●

새누리당의 20대 총선 공약 중 가장 기억에 남는 것, 또 그 이유는?

　　"한국형 양적완화다. 전형적인 일회성, 정치공학형 공약으로 생각한다. 이러한 '공약 아닌 공약'이 제시되는 순간 유권자의 관심은 사라진다. 더 이상 선거 담론에 참여하고 싶은 의욕을 상실하는 것이다."

●●●

이번 총선에서 새누리당의 공약과
더민주당, 국민의당의 공약을 비교 평가한다면?

　　"국민의당은 급조된 정당으로 공약의 수준을 논하기 어렵다. 더민주당은 경제민주화라는 공약을 일관성 있게 주장했다. 새누리당의 공약은 더민주당 공약의 반대편에 서거나 따라가는 인상을 주었다. 공약 전쟁에서 필패하는 원인이다. 이 같은 사례는 동서양 선거 역사에서 쉽게 확인할 수 있다."

●●●

공약 발표 전 새누리당이 추진해온 정책(노동개혁, 역사 교과서 국정화 등) 중 어떤 정책들이 총선 승패에 영향을 끼쳤다고 생각하나?

"노동 문제 혹은 역사 문제는 우리 사회의 중요한 이슈로 깊이 있게 다뤄야 할 문제임은 틀림없다. 그러나 정부의 문제 제기나 논의 방식이 일방적이고 억압적이라는 점에서 국민에게 불편함을 주었다. 특히 새누리당이 그 같은 문제를 주도하는 것이 아니라 정부에 끌려가는 모습을 보여준 것이 좋지 않았다. 결과적으로 선거 참패의 원인 중 하나였다고 볼 수 있다."

●●●

새누리당 총선 공약의 신뢰도를 평가한다면?
긍정적(부정적)이라면 그 이유는 무엇인가?

"공약 자체로 신뢰 혹은 불신의 문제가 발생하는 것은 아니다. 가장 큰 문제는 새누리당이 정책 문제를 주도하는 것이 아니라는 인식을 심어준 것이다. 집권 여당으로서 정부와 협력적인 관계가 필요한데, 노동이나 역사 등 정책 의제 설정 과정에서는 협력의 관계를 보여주지 못했다."

●●●

갑을개혁, 4050자유학기제, 마더센터, 청년독립, 규제개혁 등
새누리당 5대 공약에 대한 평가는?

"5대 공약이 우리 사회의 중심 문제를 다뤘다는 점은 확실하다. 그러나 대부분 지금까지 새누리당이 제시했던 공약들과 크게 다르지 않았다. 사실 공약은 과거의 공약이 달성된 정도를 기준으로 제시되어야 한다. 그런데 새누리당을 포함한 우리 정치권의 공약은 항상 처음부터 시작하는 공약으로 제시된다. 이는 공약이 헛된 약속으로 항상 마무리되었기 때문이기도 하고, 공약의 달성 정도를 감안한 새로운 공약의 준비가 이뤄지지 않기 때문이기도 하다."

새누리당 공약의 발표 형식과 유권자에 대한 전달력 등을 평가한다면?

"우리나라 총선의 특성상 공약의 발표 형식이나 전달력 정도는 매우 낮다. 그것은 꼭 새누리당만의 문제는 아니다. 그러나 이번 총선에서 새누리당은 마지막 순간까지 공천 문제가 이슈였으므로 과연 어느 유권자가 새누리당의 공약에 관심을 보였는지 확인해 볼 필요가 있다. 후보 선정 과정이 유권자에게 설득력을 잃었는데 공약에 대한 신뢰도가 과연 형성될 수 있었겠는가!"

수도권 표심과 2030세대의 표심을 공략하기 위한 새누리당의 정책적 노력, 공약이 적절했다고 보나?

"지역과 세대에 관계없이 유권자는 정치적 목표보다는 과정의 정당성에 더 큰 무게를 둔다. 이번 총선에서 새누리당의 정치 과정이 얼마나 부당했는지는 수도권과 청년 세대의 반발로 충분히 알 수 있다. 공약의 측면에서 볼 때 마더센터나 청년독립 등은 그 자체로서 의미 있는 공약이라고 본다. 그러나 야당 측 공약과 차별화하는 데에는 한계가 있었다. 대부분의 유권자는 무조건적인 혜택이 주어지는 정책보다 맞춤형 정책을 선호하는 경향이 있다. 유권자의 이런 태도를 지지로 전환할 수 있는 방법을 모색해야 한다."

> ● ● ●
> 새누리당이 향후
> 대선 승리를 위해 집중해야 할
> 민생 정책 분야는?

"내년 대선의 화두는 경제가 될 것이다. 특히 공유의 경제, 즉 계층 간 양극화 문제가 가장 중요한 이슈로 부각될 것이다. 새누리당은 이념이 아닌 정책의 관점에서 이 문제에 대한 해법을 공약으로 제시해야 한다. 보편성을 고려하면서도 정책의 우선순위를 정해 꼭 필요한 곳에 정책적 혜택이 주어지는 경제 방안을 마련하는 것, 그 여부가 대선의 향방을 결정할 것이다. 야당, 특히 진보세력은 사회문제의 이슈화에는 성공하나 문제 해결의 대안을 제시하지 못한다. 따라서 보수를 대변한다는 새누리당은 스스로의 역할을 자문하는 것으로부터 대선 준비를 시작해야 한다.

무엇보다 중요한 것은 대선 공약은 총선 공약과는 확연히 다르다는 점이다. 좋은 공약에는 공약 달성을 위한 정부나 정치권의 역할뿐 아니라 유권자인 국민의 역할이 무엇인지가 담겨진다. 즉 공약 달성 과정에서 국민의 능동적 참여가 담보되고 제시되어야 한다는 것이다."

정책 · 공약

"

알파고 시대에 산업화 시대 선거 전략이
어떻게 먹히나?

막판 양적완화 공약 제시한 것이 패인 중의 하나…
부정부패에 대한 강력한 개혁의지 못 보여준 것도 아쉬워

"

이 광 재 한국매니페스토실천본부 사무총장

••••

새누리당이 20대 총선에서 참패한 이유를 무엇이라고 보나?

"우선 국회의원 선거의 성격을 제대로 인식하지 못했다. 대통령제하에서 임기 중반에 치러지는 전국 선거는 정권의 중간평가 성격을 갖는다. 이 선거에 이기려면 현 정부의 실정을 보완할 정책안이 제시되어야 하는데, 그것이 부족했다. 2012년 이전의 강령 체제, 즉 부자와 가진 사람, 영남권, 기득권, 중장년층 중심의 '강한 보수'로 회귀한 것도 좋지 않은 결과를 초래했다. 2012년 전면 개정한 강령은 시장경제 우선을 강조하는 대신 평생 맞춤형 복지 제공과 공평 분배 등을 담아 '따뜻한 보수'로 변화를 꾀했다. 하지만 2012년에 치러진 18대 대선과 19대 총선 승리 이후에는 주요 정책이 '따뜻한 보수'에서 '강한 보수'로 돌아섰다.

새누리당은 모든 행위가 기록되는 '로그사회'에 대한 이해도 부족했다. 이번 선거는 특히 '팩트 체커'가 힘을 발휘했다. 시류에 편승하는 밴드왜건 효과가 힘을 잃고 약자에게 동정표가 몰리는 언더독(비주류) 효과가 득세한 선거였다. 모든 행위가 로그되고 공유·확산되는 지식기반사회임에도 새누리당의 선거 수행은 산업화 시대에 머물렀다. 또 새누리당은 이번 선거에서 과거의 강한 보수 어젠다로 선거를 치러 결국 참담한 패배를 맛봤다. 진보의 전통적 어젠다인 일자리, 복지, 경제민주화 등의 이슈는 거의 찾아볼 수 없었다.

마지막으로 정책공약의 준비도 허술했다. 집권 보수정당으로서 예측 가능성이 높은 선거를 치러야 함에도 불구하고 늦은 선거구제 개편, 막장공천 등에 따라 '난장판 선거'를 자초했다. 새누리당은 과거 전국 순회 정책정당대회, 공약집 발표 및 공약가계부(대차대조표) 공개 등으로 유권자의 신뢰를 얻었다. 이번 선거에서는 공약집에 포함되지 않은 양적완화를 급하게 제시해 홍보팀과 정책팀의 혼선을 불렀다. 재원대책(공약가계부)을 발표하지 않기로 하는 등 정당 내 엇박자가 너무도 심했다."

●●●
새누리당의 20대 총선 공약 중 가장 기억에 남는 것,
또 그 이유를 설명한다면?

"내수산업 활성화, 양적완화, 마더센터 등이다. 내수산업 활성화는 결국 새누리당이 친기업 정당으로 이해되는 계기로 작용했다. 양적완화 공약은 특히 좋지 않았다. 지금도 총선 공약집에 없었던 양적완화가 왜 나왔는지 혼란스러울 정도다. 선거를 코앞에 두고 한국형 양적완화라는 카드를 꺼낸 것 자체가 새누리당 스스로 불리하다는 시그널을 유권자에게 보낸 것이다.

총선 전부터 이슈화되었던 누리과정에 대한 적극적 대응이 없었던 상황에서 마더센터 공약이 제시됐다. 신뢰성이 반감될 수밖에 없지 않나? 특히 세월호 정국 이후 30대 젊은 주부들의 정치적 성향이 소득수준과는 상관없이 변하고 있다는 점을 간과한 측면이 있다."

●●●
이번 총선에서 새누리당의 공약과
더민주당, 국민의당의 공약을 비교 평가한다면?

"전체적인 맥락에서 보면 새누리당은 기업 활성화(낙수효과), 더민주당은 경제민주화(분수효과), 국민의당은 시장의 종다양성(분수효과)을 공약으로 내세웠다. 새누리당은 공약가계부를 유일하게 제시하지 않았으며, 앵그리 보터인 2030세대 관련 공약이 상대적으로 적었다. 특히 검찰·국정원 등

권력기관(위임받지 않은 권력)과 부정부패에 대한 개혁 의지가 없거나 적었으며, 총선 공약에 전혀 포함되지 않았다.

타당과 비교해 볼 때 새누리당의 주요 공약들은 거대 담론보다는 프로그램형 실천사업 중심으로 제안된 것이 큰 특징이다. 경제 활성화를 통한 일자리 창출과 다양한 복지제도의 확대 및 시행, 사회적 약자의 보호 및 구제 등 사회안전망 구축을 강조했다. 또 중견 및 중소기업과 소상공인, 취약계층 지원을 주장했다.

다만 이런 공약들이 타 정당과 비교해 설명이 구체적이지 않았으며, 재정설계가 상대적으로 두루뭉술하게 표현된 것이 문제로 지적됐다. 현 정부의 공약 불이행 논란에 대한 충분한 설명 없이 또 다른 공약을 제시한 것은 신뢰감을 얻기 어려웠다. 게다가 구체적인 근거나 재정 확보 방안을 제시하지 못하다 보니 실현 가능성에 의구심을 품게 했다.”

···

공약 발표 전 새누리당이 추진해온 정책(노동개혁, 역사 교과서 국정화 등) 중 어떤 정책들이 총선 승패에 영향을 끼쳤다고 생각하나?

“민생 관련 경제정책은 동반성장 등 공공적 시장경제를 강조하지 못했다. 청년문제 해소는 청년주거, 청년복지 등 청년들의 삶과 관련한 정책을 제시하지 못했다. 방산비리 등 공직자 부패 척결도 문제였다. 보수정권이라면 부정부패에 더욱 엄정히 다가서야 했다.”

••••

새누리당 총선 공약의 신뢰도를 평가한다면?
긍정적(부정적)이라면 그 이유는 무엇인가?

　　"새누리당은 과거 총선과 대선에서 공약가계부 제시 및 전국 순회 비전대회, 정당 공약의 비례대표책임제 명시 등 긍정적인 평가를 받는 선거대책을 내놓은 적이 있다. 하지만 20대 총선은 전반적으로 부정적이었다. 경제민주화에서 경제 활성화로 공약이 변했는데, 이에 대한 민주적 절차나 충분한 설명이 없었고, 워킹맘 대책 또한 누리예산 등의 논란으로 무색해졌다.

　　그 외에도 공약가계부 없이 아이디어나 구호성으로 정책공약을 제시한 점, 현 정부 정책에 대한 과실 점검 없이 기업 활성화 위주의 정책을 내세운 점, 권력기관에 대한 개혁 의지와 방산비리 등에 대한 엄중한 문책이 생략된 점 등은 신뢰성을 크게 떨어뜨렸다."

••••

갑을개혁, 4050자유학기제, 마더센터, 청년독립, 규제개혁 등
새누리당 5대 공약에 대한 평가는?

　　"공약 내용을 평가하기에 앞서 시대에 뒤떨어진 발표 형식과 퍼포먼스 때문에 그 효과가 반감되었다. 공약을 지키겠다고 공증하거나 '뛰어라 국회야' 등의 프로모션은 오히려 부정적인 영향을 미쳤다. 특히 새누리당 5대 공약이라 하지만 총선 공약집에는 5대 공약이 어디에, 어떻게 표현되어 있는지 찾기 어려웠다. 마더센터는 누리과정에 대한 논란으로 반감되었고, 청년공약의 숫자는 타당에 비해 절대적으로 적었다. 청년독립이라는 어젠다를 설정하기 위해 청년들과 함께 만들고 제시하는 노력도 부족했다. 규제개혁은 고용

없는 성장사회로의 진입을 피부로 느끼는 수도권 유권자에게 어필하기에는 디테일이 너무도 부족했다.

결론적으로 앞으로의 선거는 747과 같은 구호성 공약이나 정책 아이디어로 승부하기 어려울 것이다. 구체성이나 실효성이 없는 공약은 높은 점수를 얻을 수 없으며, 퍼포먼스에 집중하는 것은 신뢰성을 스스로 깎아먹는 것이다."

...

새누리당 공약의 발표 형식과 유권자에 대한 전달력 등을 평가한다면?

"불확실성과 가변성이 높은 선거에서는 새누리당이 전통적으로 고집하는 순차적 발표(5대 공약 혹은 10대 공약 등으로 발표) 혹은 엔터테인먼트적인 요소로 언론의 이목을 끌려는 전략은 전달력을 떨어뜨릴 가능성이 크다. 특히 공약집에 포함되어 있지 않은 즉흥적 공약 발표는 부풀려진 공약으로 전달될 수 있다. 전달력을 높이기 위해서는 공약집을 치밀히 준비하고, 그에 따른 이행방안을 제시해 어젠다를 선점하는 방식이 유리할 것이다."

...

수도권 표심과 2030세대의 표심을 공략하기 위한
새누리당의 정책적 노력, 공약이 적절했다고 보나?

"수도권 유권자는 상대적으로 이익보다는 경향에, 혹은 공공성에 의한 어젠다 선점에 마음이 움직이는 경향이 강하다. 그럼에도 불구하고 이번 총선에서 새누리당 공약은 나열형으로 임팩트가 약했고, 스스로 정체성을 놓아버린 측면이 있다. 특히 공약집에도 없었던 한국형 양적완화 발언이 서울·수도권 유권자에게는 세금을 거둬 심리적 거리가 먼(경남 지역, 조선업) 블루컬러 업종의 재벌기업을 구하겠다는 것으로 이해됐을 가능성이 매우 크다.

2030세대에 대한 이해도 부족했다. 그들은 대표적인 앵그리 보터들이다. 20대는 충분한 부를 축적하지 못한 386세대의 자녀들로서 과거의 20대와는 다르게 자립에 대한 고민이 큰 세대다. 이에 비해 새누리당의 총선 정책은 세심함과 디테일이 너무 떨어졌으며, 당과 유권자의 역사적 연대의식을 형성하고자 하는 노력이 전혀 없었다."

> **새누리당이 향후
> 대선 승리를 위해 집중해야 할
> 민생 정책 분야는?**

"대통령제에서 임기 중반 이후에 맞는 전국 선거는 중간평가 및 회고적 성격이 강한 선거다. 이와 다르게 대선은 상대적으로 전망적 성격이 강하다. 이와 같은 맥락에서 문제해결 능력이 절실히 필요하며, 인공지능 시대에 따른 새로운 세계질서에 대응하는 정책들이 필요하다. 앞으로 대선 승리를 위해 새누리당의 민생 정책 분야는 진보적 영역에서 제시될 필요가 있다. 20세기 일자리와 복지, 경제민주화가 아닌 21세기 일자리와 복지, 경제민주화로서의 민생 정책이 제시되어야 한다.

이에 대한 신뢰를 뒷받침해 주는 것은 결국 개혁에 대한 의지다. 특히 보수적 개혁은 방산비리 등 국방비리에 대한 척결 의지 등으로 나타나야 하며, 원칙과 신뢰라는 법치주의는 나에게 먼저 그 잣대를 대겠다는 냉정함이 수반되어야 한다. 검찰 등 위임받지 않은 권력에 대한 개혁 의지와, 선출된 권력으로서의 봉사정신을 바로 세우겠다는 약속이 유권자에게 제시되어야 한다. 이번 선거가 보수세력에 큰 실망감을 안겨준 선거였다는 사실을 직시해야 한다."

☑☰
☐☰

정책 · 공약

"

서민과 청년의 고통에 둔감했다

정책적 쟁점을 없애는 것이 새누리당의 전략?
공약 이전에 정책의 개념과 가치를 제대로 마케팅하지 못해

"

김 대 호   사회디자인연구소 소장

●●●

새누리당이 20대 총선에서 참패한 이유를 무엇이라고 보나?

"무리한 방식, 국민에게 무례한 행태로 '진박당'을 만들려던 공천 과정
이 결정타였다. 대한민국 서민과 청년의 고통, 불만에 대해 이렇게 둔감한데 도
대체 어떻게 대한민국 현실을 타개해 나가겠다는 것인지 알 수 없었다. 여기에
2014년 지방선거 이후 이어진 재·보궐선거 승리와 야권 분열에 따른 낙관이
팽배했던 것도 패배의 원인으로 작용했다."

●●●

**새누리당의 20대 총선 공약 중 가장 기억에 남는 것,
또 그 이유를 설명한다면?**

"없다. 심지어 정책적 쟁점을 없애는 것이 새누리당의 전략이었던 것
이 아닌가 생각될 정도였다."

●●●

이번 총선에서 새누리당의 공약과 더민주당, 국민의당의 공약을 비교평가한다면?

"더민주당의 공약은 약간의 관심이라도 끌었다. 국민연금 100조원 투
자로 공공임대주택 공급, 국민건강보험료 징수 방식 변경 등이 그것들이다.
동시에 더민주당은 집권하게 되면 큰일을 낼 집단, 해서는 안 되는 일을 열심
히 할 수도 있는 집단이라는 것도 보여줬다. 공공부문 일자리 35만 개, 민간
기업 청년고용 할당제 25만 개 등이 그것이다. 국민의당은 더민주당과 정책
적 차별성을 보여주지 못해 오히려 더 놀랍고 의아했다."

···

공약 발표 전 새누리당이 추진해온 정책(노동개혁, 역사 교과서 국정화 등) 중
어떤 정책들이 총선 승패에 영향을 끼쳤다고 생각하나?

"역사 교과서 국정화 논란은 꽤 큰 감표 요인이었다. 노동개혁은 '언
발에 오줌 누기' 식이긴 하지만, 그것조차 막는 더민주당과 정의당으로 인해
득표 요인으로 작용했다."

···

새누리당 총선 공약의 신뢰도를 평가한다면?
긍정적(부정적)이라면 그 이유는 무엇인가?

"공약 이전에 개념과 가치를 제대로 마케팅하지 못했다. 마케팅 기술
의 문제가 아니라 유권자에게 판매할 물건(개념, 가치, 비전) 자체에 대한 내
적 컨센서스가 형성되지 않았다."

···

갑을개혁, 4050자유학기제, 마더센터, 청년독립, 규제개혁 등
새누리당 5대 공약에 대한 평가는?

"진정성과 기본 개념을 보여주지 않은 이상 공약 제시는 큰 의미가 없
다. 새누리당 공약이 그랬다. 갑을개혁과 관련해서는 갑 친화적이고, 규제개
혁과 관련해서는 규제완화 지향적이라는 인상이 강하다. 그렇다면 나쁜 갑을
응징하는 날카로운 해법과 약한 을의 힘을 기르는 해법을 내놓았어야 했다.
시범적인 본보기를 제시하며 현실의 누구와 싸우는지를 보여주어야 했다. 규

제 역시 완화할 규제와 강화할 규제를 제시해야 했다. 규제완화가 아니라 규제개혁이 새누리당의 지향임을 보여주어야 했던 것이다. 나머지 공약은 반대할 이유가 없는, 돈만 있으면 하면 좋은 일들이다."

···

새누리당 공약의 발표 형식과 유권자에 대한 전달력 등을 평가한다면?

"한국 유권자들은 기본적으로 정책 공약을 신뢰하지 않는다. 그래서 웬만한 공약은 관심 있게 듣지 않고, 당연히 거의 기억하지 못한다. '빌 공(空)자 공약'을 남발한 집권당 공약에 대해서는 불신이 더 심하다.

공약을 전달할 때는 우선 기본 개념과 배경을 설명해야 한다. 한마디로 스토리텔링이 되도록 해야 하는데, 이를 구현하기엔 신문기사 형식이 좋다. 신문기사들은 구체적인 사례 위주로 시작하기 때문이다. 따라서 공약 발표 시, 공약이 지적하는 고통·부조리의 당사자 혹은 수혜자를 발표장에 대동하는 방법을 생각할 수도 있다.

사람들은 공약으로 인해 기득권을 침해당하는 사람들의 반발이 있는 공약을 잘 기억한다. 수혜자는 다수고 기본적으로 올바른 방향이지만 기득권을 잃는 조직된 소수(기득권층)의 반발이 극심한 공약이 좋은 공약이다. 그런데 조직된 소수의 반발은 대개 정치적 반대 진영의 무조건적인 지지와 공감을 불러일으키면서 증폭된다. 그래서 조직된 소수의 반발을 불러일으키는 공약을 꺼리게 된다. 그럼에도 불구하고 한국의 스윙보터(부동층)는 이런 공약에 반응한다. 대표적인 것이 공공부문의 과도한 권리, 이익을 개혁하는 공약이다."

···

수도권 표심과 2030세대의 표심을 공략하기 위한
새누리당의 정책적 노력, 공약이 적절했다고 보나?

"2030세대의 라이프 사이클을 추적해 각 마디마디에서 절감하는 고통을 살펴야 했는데, 그것이 부족했다. 지금 우리 젊은층의 상황은 어떠한가. 고교 교실은 학생의 절반이 엎드려 잔다. 일종의 감옥이다. 군 입대 전후도 시간 손실이 너무 많다. 무의미한 대학, 무의미한 학과와 교과과정도 많고, 절실한 동기 없이 대학에 진학하는 경우가 태반이다. 장학금 지원제도를 교육 바우처로 바꿔 꼭 필요할 때 쓰도록 해야 한다. 대학 진학률을 떨어뜨리는 것이 아니라 19세에 우루루 대학 가는 관행을 고쳐야 한다는 것이다. 취업은 미스매칭이 너무 심하다. 3D가 아닌데, 3D처럼 여겨지는 업종이 너무 많다. 이런 곳은 대체로 외국인 노동자가 과잉이다."

· · ·

새누리당이 향후
대선 승리를 위해 집중해야 할
민생 정책 분야는?

"대학 입학 문턱, 취업 문턱, 결혼·출산 문턱을 넘은 사람에 대한 지원책은 많지만 그 문턱을 넘지 못한 사람에 대한 지원과 배려는 터무니없이 적다. 이런 현실을 개념(스토리)으로 설명하고, 필요한 정책을 개발해야 한다."

국정 운영 이슈

차기 집권에만 몰두한다는 인상, 현실 진단과 미래 구상 제시가 출발점

대통령의 '국회심판론', 국민 설득하는 데 실패…
문제해결 능력, 희망 볼 수 있는 계획조차 내놓지 못해

김 병 준 국민대학교 정치학과 교수

● ● ●

새누리당이 20대 총선에서 참패한 원인은 무엇이라고 생각하나?

"크게 네 가지 원인을 들 수 있다. 대통령의 비효율적 국정 운영, 불합리한 공천 과정, 지역구도에 따른 도덕적 해이, 야권 분열 구도 및 여론 지지도에 대한 잘못된 판단 등이다.

특히 유승민 의원 사태는 결정타였다. 유권자의 눈에는 새누리당이 선거를 이기겠다는 생각이 없는 것으로까지 비쳤다. 선거 결과보다 선거 후 친박 위주의 정당을 만드는 게 우선순위가 아닌가, 대통령이 퇴임 후 당권 장악 등을 염두에 두고 있는 것이 아닌가 하는 의심을 불렀다. 국민으로서는 용납할 수 없는 일이다. 특히 대구·경북 지역 등에서는 국민과 유권자를 우습게 본다는 이야기가 공공연히 나돌았다."

● ● ●

야당의 '경제 실정 심판론'이 어떤 효과를 불렀다고 생각하나?

"실제 경제가 좋지 않은 상황에서 효과가 컸다. 야당 역시 특별한 대안이 있는 것은 아니었지만 국민에게는 설득력이 있는 화두였다고 본다."

● ● ●

대통령의 '국회심판론'이 이번 선거에 어느 정도의 영향을 미쳤을까?

"의미도 없고 설득력도 없었다. 대통령 스스로 당 대표이자 국회 지도자였으며, 야당 시절 사립학교법, 대연정 거부 등 집권 정부를 힘들게 했던 적도 있지 않았나. 게다가 정부가 국회에 내놓은 안에 대해서도 적절한 설명이 없었다. 따라서 국민은 정부 법률안 등이 통과되면 어떤 변화가 올 것이란 점을 예측하기 힘들었다.”

▪▪▪
청와대의 국정 운영 방식이
이번 총선에 어떤 영향을 미쳤다고 생각하나?

"대단히 큰 영향을 미쳤다. 정책적으로 큰 그림을 보여주지 못했으며, 불통의 이미지를 계속 확산시켰다. 이번 선거에서 결정적 영향을 미쳤다고도 할 수 있다. 소위 '친박' 그룹이 이에 동조하는 모습을 보임으로써 상황은 더욱 악화되었다.”

▪▪▪
선거 과정에서 강조된 정부 중점 정책은
유권자들의 표심에 어떻게 작용했을까?

"'창조경제'는 국민이 피부로 느끼기 어려운 구호성 정책이란 느낌을 줬다. 낮은 정책 역량을 노출시킨 것이다. 그 외 전시성 정책들, 이를테면 지역혁신센터 등도 지식인들 사이에서는 냉소의 대상이었다. 정부와 여당이 아무것도 하지 않고 있다는 인식이 국민 사이에 광범위하게 확산돼 있었다. 외교와 대북정책 등은 잘한 것으로 자평할 수도 있겠지만, 그 분야도 그렇게 볼 수 없는 측면이 있다. 북한에 대해서는 아무런 대책 없이 미국과 중국만 쳐다보고 있다는 것을 거듭 확인시켰다. 특히 휴전선 대북 확성기 볼륨 올리는 것 등을 대단한 것처럼 홍보했는데, 역효과를 불렀다.”

▪···

세월호 사건, 연말정산 파동, 메르스 사태 대응 등이
총선 표심에 미친 영향은?

"적지 않은 영향을 미쳤지만 세월호 사건 등의 이슈에 있어서는 야당
도 얻은 것이 거의 없다고 생각한다. 야당도 이슈에서 빠져나올 출구 시점을
찾지 못했기 때문이다."

▪···

노동개혁 등 4대 개혁 완수를 내세운 당·청의 전략이
이번 총선에서 긍정적인 효과를 거두지 못한 이유는?

"일반 국민에게는 어려운 문제였다. 그리고 4대 개혁이 완수된다고 해
도 달라질 것이 별로 없다는 인식이 확산돼 있었다. 그만큼 내용상의 문제가
있었다는 이야기다. 대국민 설명도 부족했다는 뜻이다."

▪···

역사 교과서 국정화 추진에서 보여준 국정 운영 방식과
총선 표심의 연관관계는 어떻게 판단했나?

"사실 역사 교과서의 국정화를 고집할 이유가 없었다. 오히려 그 과정
에서 국민은 대통령의 역사인식에 대한 문제점과 권위주의적 국정 운영 스타
일을 확실히 알게 됐다. 이 같은 상황을 뻔히 알면서도 제대로 할 말을 못한
여당 또한 유권자인 국민에게 큰 실망을 안겨주었다."

▣▪▪▪

청년 일자리 문제 등 경제 이슈의 총선 영향력에 대해서는?

"당연히 컸다. 현재의 답답한 상황에 대해서는 물론이고, 앞으로도 희망을 주지 못할 것이란 실망감이 확산됐다. 하다못해 새로운 산업구조와 인력 양성 체계 등에 대한 설명이라도 제대로 해주었어야 했다."

▣▪▪▪

경제활성화법, 테러방지법 등을 두고
여야가 국회에서 공방을 이어가며 생산적인 결론을 도출하지 못한 모습이
총선에 어떤 영향을 미쳤다고 생각하나?

"국민이 여야 모두에 실망했기 때문에 총선에 끼친 영향은 중립적이라고 생각한다."

▣▪▪▪

각종 여론조사 결과를 보면 20대, 30대, 40대의 국정 운영에 대한
부정 평가가 압도적으로 높은 것으로 나타난다. 그 이유를 무엇이라고 보나?

"정부가 문제 해결 능력을 전혀 보여주지 못했으며, 희망을 볼 수 있는 계획조차 내놓지 못했기 때문이다. 실제로 청와대의 정책 역량은 역대 정부 중 최하위라 할 수 있다. 정책 참모의 모습이 아예 보이지 않았고, 여기에 아무것도 모르는 대통령의 이미지가 오버랩됐다. 아울러 창조경제와 같이 마음에 와 닿지 않는 구호성 정책 방향이 지속되면서 피로현상이 가중되고 있었다."

> • • •
> 정부와 여당이 국민의 신뢰를
> 다시 얻기 위해서는 국정 운영 방식에
> 어떠한 변화가 필요하다고 보나?

"현실에 대한 고민과 함께 미래에 대한 구상을 내놓는 것이 그 출발이라고 생각한다. 굳이 이 정부 안에서 완수하지 않아도 된다. 정부가 국가 운영의 핵심을 알고 있다는 것만 잘 설명해도 국민에게는 위안이 될 것이다. 지금이야말로 국정 리더십을 발휘할 수 있는 가장 적절한 시점이다. 워낙 어려운 국면이기 때문에 제대로 된 그림을 그린다면 야당도 꼼짝없이 따라갈 수밖에 없을 것이다.

문제는 국정의 주요 이슈를 제대로 추진할 마음이 없다는 사실에 있다. 최근 청와대 참모진 개편에서도 희망을 전혀 볼 수 없다. 대통령이 사실상 국정을 포기하고 있다는 인상, 또 오로지 차기 집권에만 몰두한다는 인상을 지울 수 없다. 이렇게 해서는 국민이 불행해질 수밖에 없다."

국정 운영 이슈

"

주도적 국정 운영을 위해 새로운 어젠다 발굴해야…
지역주의, 북풍, 질서유지, 반공, 안보 등의
어젠다로는 안 된다

"

장 부 승　스탠퍼드대 연구원

●●●

새누리당이 20대 총선에서 참패한 원인은 무엇이라고 생각하나?

"2040세대의 정치 참여 욕구가 점차 증가하고 있음에도 불구하고 이들의 불만을 흡수할 어젠다를 제시하지 못했다. 이들은 IMF 이후 세대로서 고도성장의 혜택을 누려보지 못했고 고용불안, 소득불평등, 사회적 특권 등에 대해 불만이 많다. 이들의 불만이 점증해 왔지만, 소선거구제의 특성상 이것이 의석수 변화로까지 표현되지 못하다가 이번에 수면 위로 떠오른 것으로 생각한다.

둘째로 60대 이상 노년층의 관심을 끌 만한 어젠다도 없었다. 대통령에 대한 안쓰러움과 향수만으로는 노년층을 투표장으로 끌어내기 어려웠다. 기초노령연금 같은 새로운 어젠다도 없었다.

셋째로 기존의 지역주의나 북풍 등에 기반한 투표 행태가 많이 약화됐다. 특히 새누리당의 텃밭인 영남, 그중에서도 부산, 경남 지역에서 두드러졌다. 이 추세는 앞으로 더 강화될 것으로 보인다.

공천 파동이나 소위 친박, 비박계 갈등은 표면적인 이유다. 더 심층적인 원인은 사회적 변화와 지지기반 변동에 따른 새로운 정책 방향을 제시하지 못한 것이다. 지난 대선에서는 대통령의 강력한 리더십으로 당내 불만을 억누르며 어젠다를 선점했다. 하지만 이번에는 그런 통합의 리더십을 발휘하기보다 특정 정파의 수장 역할만 하려 했다. 이에 따라 어젠다 설정이나 홍보가 조직적으로 이루어질 수 없었다. 그동안의 선거여왕론이나 야당의 분열에 기대어 이번 선거를 손쉽게 바라본 자만이 작동했기 때문이다."

야당의 '경제 실정 심판론'이 어떤 효과를 불렀다고 생각하나?

"이번 선거에서 야당이 어젠다를 구체적으로 선점한 것은 별로 없다. 김종인 대표가 경제를 캐치프레이즈로 내세우긴 했지만, 구체적으로 떠오르는 어젠다나 정책은 하나도 없었다. 그러나 야당이 계속해 '경제'를 말하게 되면서 이것이 일정한 효과를 발휘했다. 현 정부의 지난 3년간 경제 업적을 대중들이 떠올리지 못했다. 굳이 업적을 들라면 전두환 추징금, 통진당 해체, 해외에서의 국위 선양 등이 있는데, 이들 모두가 구체적으로 경제 성과로 보기에는 애매한 것들이다. 즉, 야당의 '경제' 구호는 여당이 경제 문제를 의제화하지 못하게 차단하는 효과는 최소한 있었던 것으로 보인다."

대통령의 '국회심판론'이 이번 선거에 어느 정도의 영향을 미쳤을까?

"국회심판론이 힘을 발휘하려면 국민이 원하는 어떤 입법이 있었는데, 그것이 야당의 저지로 무산됐다는 인식을 심어줘야 한다. 그런데 국민이 보기에 야당이 가로막아서 못한 것은 '테러방지법'이었다. 문제는 일반 국민에게 '테러방지법'이라는 것이 다소 뜬금없는 소리로 들렸다는 것이다. 북풍이 힘을 발휘하지 못하고, 북한의 핵실험이나 장거리 미사일 발사마저도 별로 국민의 관심을 불러일으키지 못하는 상황이다. 국민은 KAL기 테러라든가 아웅산 테러 이후 지난 20여 년간 별다른 테러를 경험하지 못했다. 이들에게 갑자기 북한의 위협을 내세우면서 테러방지법을 통과시키려 하고, 이것을 야당이 막으니 국회를 심판해야 한다는 논리는 유권자에게 별 설득력이 없었다.

　　결과적으로 어젠다 측면에서나 비판의 대상 측면에서 국회심판론은 설득력을 갖기 어려웠다. 오히려 대통령이 자신의 무능이나 내용 부족을 숨기려고 하는 핑계인 것으로 비쳤다."

···

청와대의 국정 운영 방식이
이번 총선에 어떤 영향을 미쳤다고 생각하나?

　　"대통령의 국정 운영 방식에 있어 가장 큰 문제점은 일단 대면 보고의 부재로 상징되는 소통 부재라 할 수 있다. 청와대 수석비서관들도 대통령 얼굴을 못 본다는 것은 이미 대부분의 국민이 알고 있다. 그래서 '문고리'니 '십상시'니 조롱 섞인 표현이 인구에 회자되고 있다. 심지어 집권 초기에는 전화 통화라도 되던 장관들마저 이제는 전화도 잘 안 된다는 푸념이 나오고 있다.

　　또 하나의 문제점은 새로운 구상이 없다는 것이다. 경제민주화라든가 한반도 신뢰 프로세스 등 굵직한 이슈들이 모두 사라져 버렸다. 새롭게 4대 개혁 등을 내세웠는데, 특별히 그 내용이 뭔지 모르겠다. 집권 후반기에 가면 사실 공기업이나 정부 개혁 등이 좋은 이슈가 될 수 있지만, 최근의 낙하산 인사들을 보면 이 역시 어젠다로 내세울 생각은 없는 것 같다. 소통도 없고, 또 국민의 관심을 끌 만한 새로운 구상도 없는 상황에서 결국 국정 운영은 기존의 틀에서 벗어날 수 없다. 이 경우에는 야당의 어젠다 선점에 계속 끌려갈 수밖에 없다."

···

세월호 사건, 연말정산 파동, 메르스 사태 대응 등이
총선 표심에 미친 영향은?

　　"세월호, 연말정산, 메르스 같은 이슈들은 장기적으로 유지되기 어렵다. 그러나 이런 이슈들에 대한 불만이 축적되면 그것은 장기적으로 정부가 무능하고, 국민의 요구에 부응하지 않고 있다는 '이미지'로 축적돼 남는다. 물론 새로운 어젠다를 구축해 그러한 '이미지'를 돌파할 수도 있다. 그러나 이번 총선에서는 그러한 시도도 없었다. 결국 소극성, 무능, 복지부동 등의 부정적 이미지를 현 정부에 씌우는 기제로 계속 작용하고 있다."

···

노동개혁 등 4대 개혁 완수를 내세운 당·청의 전략이
이번 총선에서 긍정적인 효과를 거두지 못한 이유는?

　　"일반인들보다는 정치에 관심이 많은 사람이지만, 솔직히 4대 개혁이 뭔지를 정확히 모른다. 그냥 해고를 좀 용이하게 하는 법들인가 정도로 알고 있다. 만약 대통령이 4대 개혁을 어젠다로 내세우고 싶었다면, 좀 더 직접적으로 자신감 있게 내용을 설명하고 지지를 호소해야 했다."

■■■

역사 교과서 국정화 추진에서 보여준 국정 운영 방식과
총선 표심의 연관관계는 어떻게 판단했나?

"일반 국민과 대통령의 인식이 매우 동떨어져 있다. 국정교과서가 왜 그리 시급한 이슈인지 나부터도 이해하기 어렵다. 교과서를 고치지 않으면 북한이 우리를 흡수할지도 모른다는 언급도 도저히 동의하기 어려운 과대망상이다.

그리고 거의 모든 역사학자가 반대하는 역사 교과서 국정화 시도는 결국 정권만 바뀌고 나면 다시 원점으로 복귀될 가능성이 크다. 박정희 대통령 유신 당시에도 소위 '한국적 민주주의'를 이론화하려는 시도가 있었다. 여기에 다수의 헌법학자와 정치학자들이 동원되었으나, 이들 학자는 유신이 끝나고 지금까지 학계에서 제대로 활동하지 못하고 숨죽인 채 살고 있다. 이러한 전례를 잘 아는 대부분의 학자가 임기 5년밖에 안 되는 대통령이 추진하는 역사 교과서 국정화에 참여하기 어려울 것이다.

결국 역사 교과서 국정화는 대통령이 자신의 사적인 욕망을 충족시키기 위해 일국의 교과서를 바꾸려고 한다는 식의 반응을 불러일으킬 수밖에 없다. 총선 표심에 직접적인 영향이 있었다기보다는 현 정부가 고집불통이고 소통이 안 되며, 지극히 개인적인 이해관계에 따라 국가를 운영하려고 한다는 인식을 확대 강화하는 결과를 낳게 된다고 본다."

청년 일자리 문제 등 경제 이슈의 총선 영향력에 대해서는?

"이번 총선에서는 청년 일자리 문제 등 경제 이슈가 구체적으로 제기되지 못했다. 여당이 구체적 정책 이슈를 개발하거나 내세우지 못했고, 야당은 제도적 한계 등으로 인해 구체적 이슈를 의제화하지 못했다고 본다."

경제활성화법, 테러방지법 등을 두고
여야가 국회에서 공방을 이어가며 생산적인 결론을 도출하지 못한 모습이
총선에 어떤 영향을 미쳤다고 생각하나?

"테러방지법에 대한 필리버스터는 여야 간 '간절함'의 차이를 극명하게 드러냈다. 이 점에서 오히려 야당에 유리한 형국을 만들었다. 선거는 숫자 대결이 아니라 간절한 소망과 의지의 대결이다. 테러방지법을 반대하는 사람들의 간절함만큼 그 법의 통과를 원하는 사람들이 간절한 소망과 의지를 보여주었는지 의문이다.

야당 의원들이 필리버스터를 할 때도 여당 의원들은 당당하게 통과 필요성을 설명하는 것이 아니라 그냥 손가락질을 하거나 내려오라고 소리만 지르는 모습을 보였다. 정부·여당이 정말 테러방지법 통과를 간절히 원했다면 최소한 몇 명 정도는 국회 본회의장 연단에 올라가 테러방지법의 필요성을 당당히 설명했어야 했다."

●●●

각종 여론조사 결과를 보면 20대, 30대, 40대의
국정 운영에 대한 부정평가가 압도적으로 높은 것으로 나타난다.
그 이유를 무엇이라고 보나?

"2040세대에게는 박근혜 효과가 먹히지 않는다. 이들은 박정희 대통령에 대한 향수가 없기 때문이다. 이들 세대는 오히려 80년대 민주화를 겪었고, 90년대 이후 데모 없는 대학에서 정규 교육을 받았으며, IMF 위기로 인해 취업이 안 되는 고통을 처음으로 겪었다. 이들은 민주주의와 인권에 대한 의식은 높고, 반공의식은 약한 반면, 사회경제적 문제들에 대한 불만은 많다. 이들을 공략할 어젠다나 정책 개발이 절실한데, 대통령은 계속 과거의 어젠다에 머물렀다. 즉 지역주의라든가, 북풍, 질서유지, 반공, 안보 등의 어젠다만 부각시켰다. 이런 어젠다로는 2040세대의 관심을 끌기 어렵다."

●　　●　　●
정부와 여당이 국민의 신뢰를
다시 얻기 위해서는 국정 운영 방식에
어떠한 변화가 필요하다고 보나?

"연정이라든가 개각 등 정치공학적인 접근으로는 안 된다. 나머지 1년 반 만이라도 주도적으로 국정 운영에 나서고 싶다면, 새로운 어젠다를 발굴해야 한다. 2040세대의 관심을 끌고 그들을 지지기반으로 끌어낼 수 있는 새로운 정책의 발굴, 이것에 힘을 쏟는다면 앞으로 불가피하게 오게 될 레임덕을 최소화하고, 정권 재창출의 희망을 가져볼 수 있을 것이다."

PART

6

새누리당,
희망을 보여줘!

국민 뜻 겸허히
받아들이겠습니다

　　새누리당은 총선 다음 날인 4월 14일 오전 국회에서 열린 중앙선대위 해단식에서 이와 같은 내용의 백보드를 설치했다. 선거 참패에 대한 짧지만 큰 의미가 담긴 소회였다.

　　두 달간 '국민백서'를 준비하며 새누리당은 각계각층의 국민을 직접 만나 생생한 목소리를 들었다. 실망과 분노로 가득찬 국민의 질타는 뼈아픈 후회와 깊은 상처를 남겼지만, 새누리당이 실패를 딛고 다시 일어서는 데 꼭 필요한 자양분이라는 것을 확인했다.

　　무엇보다 새누리당은 이번 백서 발간을 통해 국민이 새누리당에 무엇을 기대하는지 똑똑히 확인할 수 있었다. 그것은 팍팍한 현실을 이겨낼 수 있도록 국민 편에 서 달라는 간절한 소망이었다.

　　새누리당은 '국민백서'의 마지막 페이지를 국민의 목소리로 촘촘히 채운다. FGI와 SNS를 통해 전달받은 여러 가지 의견은 네 가지 답변과 일곱 가지 희망으로 정리했다. 분노와 실망을 다 뱉어내고, 아직 버리지 못한 기대를 담아 마지막 희망을 걸어 보는 국민의 마음을 그대로 싣는다. 이를 바탕으로 새누리당은 과감한 개혁과 혁신을 통해 새로운 미래 비전을 선보일 것이다.

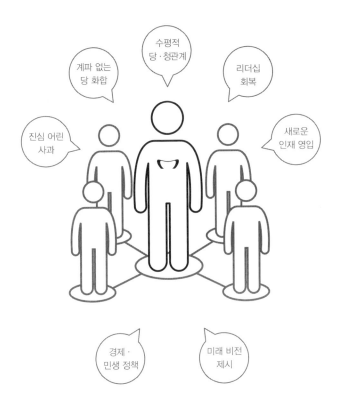

QUESTION 1
새누리당과 청와대는 어떤 관계여야 하나?

"수직관계가 아닌 협력관계로 나아가야 한다."

　　국민은 청와대와 새누리당의 관계를 '수직관계'로 인식하고 있다. 청와대는 일방적으로 명령하고, 새누리당은 청와대의 눈치를 보는 하청 정당이라는 것이다. 가장 큰 문제로 지적된 것은 소통의 부재였다. 국민은 대통령이 여전히 존재감이 크고 새누리당을 대표하는 인물이지만, 불통(不通) 느낌이 강하다고 말하며, 당내에 이를 견제하며 소통을 이끌어 갈 인물이 없다는 점이 문제라고 지적했다.

　　국민이 청와대와 새누리당의 관계를 '불통'이라고 느끼는 것은 당이 제 목소리를 내지 못하기 때문이다. 새누리당은 청와대와 수직관계가 아닌 협력관계로 나아가기 위해 노력해야 한다. 그러기 위해서는 소통을 이끌어 갈 수 있는 인물이 나서야 한다.

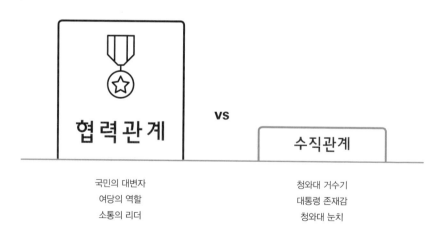

협력관계	VS	수직관계
국민의 대변자 여당의 역할 소통의 리더		청와대 거수기 대통령 존재감 청와대 눈치

QUESTION 2
새누리당 하면 떠오르는 이미지는 무엇인가?

"새누리당을 대표할 만한 참신한 인물 영입이 시급하다"

'새누리당' 하면 떠오르는 인물로는 대통령과 김무성 대표 정도가 전부였다. 딱히 생각나는 인물이 없다는 의견도 많았다.

새누리당의 이미지는 '기득권' '친기업' '친재벌' 등으로 나타났으며 '답답하다' '색깔이 없다' 등과 같이 현재 새누리당의 상황을 묘사한 응답도 있었다. 특히 젊은층의 답변을 보면 '나이 든 느낌'이라거나 '친일파' '극보수' '꼴통' '불통' 등으로 부정적인 이미지가 많았다. 50대 이상에서는 안정적이라거나 '정통 여당' '국민을 사랑하는 당' 등의 긍정적인 이미지도 있었다. 특히 '대통령 나온 당' '대통령을 잘 보필하는 당' 등 새누리당과 대통령을 연결해 생각하는 사람이 많았다.

새누리당이 당면한 가장 시급한 문제는 인물의 부재다. 대통령 이외에는 뚜렷한 리더가 없다는 의견이 상당하다. 새누리당을 대표할 만한 새롭고 참신한 인물을 키우는 것이 한 과제다.

'새누리당' 하면 떠오르는 인물	'새누리당' 하면 떠오르는 이미지
박근혜 대통령, 김무성 대표	기득권, 친기업, 친재벌, 친일파, 극보수, 꼴통, 불통 답답하다, 색깔이 없다, 나이 든 느낌

QUESTION 3
유승민 의원을 복당시켜야 하나?

"복당시키는 것은 국민에 대한 예의다"

공천 갈등에도 불구하고 유승민 의원이 무소속으로 출마해 당선되었다. 유승민 의원의 복당에 대해서는 국민의 의견이 나뉘었다. 하지만 무소속으로 출마해 당선되었다는 것 자체가 민의를 반영한 결과이기 때문에 복당시켜야 한다는 의견이 다수였다. 물론, 아직 당내 대립구도가 해결되지 않은 상황에서 섣부르게 복당을 결정해서는 안 된다는 주장도 있었다. 갈등을 가중시킬 수 있고, 탈당은 본인의 선택이기 때문에 책임져야 한다는 이유에서다.

그럼에도 불구하고 국민의 뜻을 받아들여야 한다는 차원에서 당연히 복당시켜야 한다는 의견에 무게중심이 실렸다. 국민은 복당을 통해 당내 갈등 문제를 해결하고 대화와 타협을 통해 더 성숙한 여당으로 거듭나길 바란다고 밝혔다. 복당 문제 해결이 당 쇄신과 혁신을 위한 출발점이 될 것이라는 기대도 내비쳤다.

*6월 16일 열린 혁신비상대책위원회에서 유승민 의원을 비롯한 탈당 의원 7명의 일괄 복당이 결정됐다.

 VS

무소속 후보를 당선시킨 유권자의
마음을 고려해 다시 새누리당에
복당시켜야 한다

한 석이 아쉬운 상황이지만 당내 화합이
최우선인 상황에서 복당은 또 다른 갈등 요소
가 될 수 있으므로 복당시킬 필요가 없다

향후 누가 집권할 것인가?

"새누리당 갈등 상황이 봉합되지 않을 경우 야당이 우세할 것"

현재 상황만 놓고 보면 내년 대선까지는 야당이 우세하다는 의견이 지배적이었다. 새누리당의 경우 대선 주자로 딱히 떠오르는 인물이 없다는 것이 가장 큰 문제다. 그러나 야당도 아직까지 확고한 지지세력을 갖춘 대선 주자를 내놓지 못하고 있는 상황. 여당이든 야당이든 먼저 국민이 지지할 만한 인물을 내세웠을 때 우세할 것이라는 의견이 많았다.

젊은층은 총선 결과가 대선 지지율을 보여주는 것이라고 말했다. 정권교체를 원하는 국민이 많고, 갈수록 젊은층의 투표율이 높아지기 때문에 야당이 우세하지 않겠느냐는 것이다.

새누리당에 대한 희망적인 의견도 있었다. 새누리당은 그동안 확고한 지지기반을 쌓아온 정당으로 안정성을 추구하는 국민의 지지를 받고 있다. 당내 갈등을 해결하고 참신한 인물을 내세운다면 정권을 재창출할 가능성도 있다고 말했다.

국민의당	새누리당	더민주당
· 젊은층 투표율 높아져 유리	· 새로운 인물이 나오면 가능	· 현재 시점에서는 유리
· 신선한 느낌의 정당 지지할 것	· 대선 주자가 안 보임	· 참신한 중도개혁 세력들로 물갈이 필요
· 새로운 인물, 새로운 세력으로 정권교체 가능성 있음	· 당내 문제가 해결된다면 재집권 가능성 있음	· 총선 결과가 대선 지지율 시사

희망을 보여줘 ①

진심어린 사과가 먼저다

18대 대선에서 새누리당 박근혜 후보가 민주통합당 문재인 후보를 이기고 대한민국 첫 여성 대통령으로 당선되는 순간, 국민은 큰 기대감을 드러냈다. 따뜻하고 섬세한 이미지와 소신 있는 리더십을 내세운 대통령이 공약대로 국정을 잘 운영할 것이라고 믿었다.

하지만 그런 기대 속에 출발한 정부는 세월호 사건과 메르스 사태 등을 거치며 국민의 신임을 잃었다. 청와대의 거수기 역할을 하며 집권 여당의 존재감을 보여주지 못한 새누리당에 대한 불만도 점점 쌓여 갔다. 결국 '불통'의 정부와 '계파 갈등'의 온상이 된 새누리당은 20대 총선을 통해 국민의 엄중한 심판을 받았다.

국민이 새누리당에 원하는 첫 번째 바람은 '진심 어린 사과'이다. 이번만큼은 무릎 꿇고 "회초리로 때려 달라"고 읍소하는 거짓 사과가 아니라, 진정한 사과이기를 바란다. "정신차릴게요, 안 싸울게요"라는 우스꽝스러운 노래가 아니라 진짜 반성과 다짐이기를 바란다. 국민의 마음을 가까이에서 귀담아 듣고, 깊숙이 응어리진 상처를 보듬어 주고, 서로가 같은 곳에 서서 '대한민국의 희망'을 만들어 가는 새누리당이 되기를 국민은 바란다.

"

"대통령부터 먼저 사과해야죠. 세월호 등의 사건을 겪으면서 이런저런 국민의 의견을 들었다. 잘 해결하지 못한 부분에 대해 사과한다. 앞으로는 국민의 아픔을 잘 느끼고, 소통하는 모습을 보이겠다. 당도 혁신하는 모습을 보여야 한다. 이런 식으로요."

"진심으로 바뀌지 않으면 안 돼요. 구시대적 정치, 기득권 정치도 내려놔야죠. 대통령도 마찬가지고, 당도 마찬가지예요."

"당이 진심으로 바뀌고 정말로 국민을 위한 인물이 나와서 제대로 된 정치를 한다면 다시 새누리당을 지지할 수도 있어요. 여당, 야당 그런 거에는 주안점을 두지 않으려고 해요. 누가 더 능력이 있느냐의 문제죠."

"뼈를 깎는 고통이 있어야 진심으로 국민에게 다가갈 수 있을 거고, 그렇게 해야만 다음 번에 국민의 지지를 받을 수 있을 거예요."

"이번 총선 때 했던 것처럼 수박 겉핥기식의 사과가 아니라 정말 마음에서 우러나오는 진정성 있는 모습을 보여준다면 다시 한번 마음을 돌릴 수도 있겠죠."

"막바지 남은 기간은 대통령이 임기를 좋게 마무리하는 의미에서 진정성을 보였으면 좋겠어요."

" '내가 노력해야겠구나' '국민의 뜻이 이렇구나'라는 걸 진심으로 느끼고 반성해야죠."

"

희망을 보여줘 [2]

계파 갈등 종식은 기본

어느 당이든 주류, 비주류의 계파 갈등이 존재한다. 하지만 그것은 대부분 당 내부의 문제이며 때에 따라 선의의 경쟁으로 발전하기도 한다. 새누리당의 경우, 집권 여당이자 보수 정당으로서 극단적 계파 갈등과는 거리가 먼 당으로 인식되어 왔다. 국민이 '믿는 도끼에 발등을 찍힌' 기분이 드는 것은 이 때문이다.

새누리당은 20대 총선 공천 과정에서 계파 갈등의 민낯을 보여줬다. 공천이 '국민을 위한 인재'가 아닌 '진짜 친박'을 가리는 계파 싸움으로 전락하면서, 공천 갈등·존영 논란·옥새 파동·진박 감별 등 막장 드라마가 연출됐다. 누가 보아도 불합리하고 불공정한 계파 갈등의 과정들이 시시각각 국민에게 전달됐다. 하나로 똘똘 뭉쳐도 어려운 선거판에서 집안 싸움, 밥그릇 싸움을 벌이는 새누리당에 국민은 실망하고 분노했으며, 그 분노는 표심으로 표출됐다.

이제 국민이 새누리당에 원하는 것은 갈등을 봉합하고 '하나'로 똘똘 뭉치는 것이다. 진정한 집권 여당으로서 힘과 저력을 보여주는 것이다. 오랜 정치 경륜과 노하우를 지닌 새누리당 인재들이 힘을 모아 국민이 원하는 정책으로 더 나은 미래를 설계해 줄 것을 소망한다.

"

"새누리당이 우선적으로 체크해야 할 것 중 하나가 계파 정치죠."

"자기네들끼리 밥그릇 싸움 하지 않고, 국민을 위한다는 생각으로만 해야죠."

"이번 총선 과정에서 보여줬던 계파 갈등이 먼저 대통령으로부터 정리되어진다면 충분히 공감이 될 거라고 생각합니다. 지금 현재도 갈등 때문에 일어난 현상들이기 때문에 갈등이 봉합된다면 새누리당이 온전한 하나가 될 수 있지 않을까요?"

"대통령이 친박을 이용한 국회 조정에서 이제 그만 손 떼고, 새누리당은 계파 정치로 그만 싸웠으면 좋겠습니다."

"이해관계가 대립되더라도 조금 양보하는 모습을 보이고 화합해 나가면서 지금 비대위가 하는 것처럼 젊고 새롭게 혁신한다면 이미지가 변화될 거라고 생각합니다."

"새누리당도 단합하는 모습을 보였으면 해요. 진정한 보수당은 하나잖아요. 그런 보수를 지지하는 사람들에게 어떤 희망을 전해 줬으면 하는 바람이 있어요."

"

희망을 보여줘 ③

수평적 당·청 관계로

　　대한민국 정당 역사의 획을 그어온 새누리당. 하지만 지금 새누리당은 집권 여당으로서의 존재감도, 미래의 가능성도 보여주지 못하고 있다. 명분마저 내던지고 당내 작은 권력을 두고 계파 간 다툼을 멈추지 않고 있다.

　　그 싸움의 중심에는 청와대가 있다. 당 소속의 대통령은 자신을 따르는 '친박'과 따르지 않는 '비박'의 한가운데서 계파 갈등의 원인을 제공했다. 공천도 청와대의 개입으로 인해 공정성이 훼손됐다고 국민은 생각한다.

　　국민이 원하는 당·청 관계는 당이 청와대에 국민의 뜻을 과감히 전달하고 설득하는 대등한 관계다. 당은 권력 가까이가 아닌 국민 속으로 들어가 국민의 마음을 읽어내야 하고, 그것을 가감 없이 청와대에 전달해야 한다.

　　그것이 국민이 새누리당에 원하는 바다. 그렇지 않으면 국민의 삶은 불행해질 수밖에 없고, 국민은 새누리당에 대한 희망을 영영 거두어들일 것이다.

"국민과의 소통으로 시스템도 구축하고 새누리당의 정체성도 새롭게 만들어서 국민을 위한 정당으로 다시 뭉쳐야 한다고 생각해요."

"말뿐인 민주주의가 아닌 진짜 수준 있는 민주주의 모습을 보여주면 다시 응원해 줄 사람이 많아요."

"청와대하고 새누리당이 잘하면 좋죠. 그런데 둘이 불협화음이 생기고 코드가 맞지 않으니깐 전체 나라 운영이 안 되지 않습니까? 문제를 해결하려면 서로 열린 마음으로 해야죠."

"당내 원로들이 대통령 면담을 해서 개혁적 보수로서 남은 정권을 값어치 있게 마무리할 수 있도록 노력하고 화합했으면 좋겠습니다."

"꿈같은 소리겠지만 대통령이 새누리당과 비정상적인 관계를 끊고 각 당 대표와 원내대표를 초대해서 '대통령 임기 마지막 날까지 국민만 보고 갈 수 있게 잘하는 건 지지해 주고, 잘못하는 건 비판해 달라. 후손들에게 부끄럽지 않은 나라를 만들어 주자'라고 설득시키길 바랍니다."

"각자 자기 영역의 일이 원활하게 진행되도록 연결고리를 잘 맺어야죠."

"청와대에서 대통령이 국민의 뜻을 거스르고 안 좋은 쪽으로 국정 운영을 하는데도 새누리당이 보필해야 할까요? 아니거든요. 우선적으로는 국민의 뜻을 받들어 국정 운영을 잘하는 게 첫 번째 목표죠."

희망을 보여줘 [4]
지도부의 리더십 회복이 절실하다

새누리당은 2005년부터 집단지도체제로 운영돼 왔다. 하지만 9명의 최고위원들이 각자 자신들의 정치적 이해에 따라 입장을 표명해 온 집단지도체제는 '봉숭아학당'이라는 비난을 받아 왔다. 최고위원회의 자리에 앉기만 하면 누가 먼저랄 것도 없이 중구난방 의견을 발표하고 끝도 없이 싸우는 모습은 국민에게 엄청난 실망을 안겨주었다.

이번 총선에서도 집단지도체제의 문제점이 크게 부각되었다. 이해관계를 달리하는 현안에 대해서는 결정을 내리지 못하고 끝없는 논쟁을 벌였고 책임지는 사람도 없었다. 최고위원들이 이전투구하는 모습이 대외적으로 낱낱이 드러나면서 총선 결과에도 악영향을 끼쳤다.

국민은 새누리당이 다시 서기 위해서는 지도체제의 개편과 함께 강력한 리더십이 세워져야 한다고 입을 모은다. 이를 통해 새로운 체제를 갖추고 염증나는 계파 갈등을 청산해 국민을 위한 정당으로 거듭나야 한다는 것이다. '봉숭아학당'이란 오명을 벗어던지고, 새누리당이란 이름에 걸맞게 '새로운 세상과 새로운 나라'를 위한 힘찬 발걸음을 시작해야 한다.

"

"국민을 위한 정치를 해줄 수 있는 정당을 원해요."

"강력한 리더십을 가진 사람이 등장해 액션을 취해야 당이 새롭게 변화될 것 같아요."

"장기적인 계획을 갖고 뚝심 있게 밀고 나갔으면 좋겠어요."

"리더십도 있고, 카리스마도 있고, 똑똑하면서 경험 많은 사람이 국정 운영도 잘하고, 위기 상황에서도 잘 대처할 수 있죠."

"소리 소문 없이 내부 개혁을 시작해 도덕성을 회복하고 헌법정신에 부합하는 정당으로 쇄신하는 길뿐입니다. 수족을 잘라내는 고통이 따를 것입니다."

"총체적 난국에 빠져 있는 당에서 어떤 영웅이 수습할 수 있을지 굉장히 기대됩니다. 과감한 수술대에 올라온 것 같아요."

"20대 총선에서 참패한 이유는 국민을 위한 정치가 아니라 호가호위하려고 하는 새누리당 정치인들이 친박을 팔고 진박 마케팅을 벌이는 모습! 또 당 대표를 흑싸리 껍데기로 만드는 모습! 친박이라고 주장하는 사람들이 당을 무용지물로 만들어 흙탕물을 뿌렸지만 거기에 대응하는 당 대표 역시 국민을 향해 옥새 파동을 일으키며 자기 사람 심는 모습이었습니다. 이제라도 제발 바뀌어 주세요!"

"

희망을 보여줘 ⑤

새로운 인재 영입은 필수 과제다

역대 총선에서 새누리당은 참신한 인재 영입을 큰 무기로 삼았다. 인물 경쟁력에서 항상 우위를 차지한다는 평가도 많았다. 하지만 20대 총선에서는 그러지 못했다. 새롭게 영입한 인물의 경우에도 정치 경험이 없는 사람을 선거를 앞두고 신선한 인물인 것처럼 급하게 포장한 느낌이라는 의견이 많았다.

국민은 새누리당이 실패를 딛고 새롭게 도약하기 위해서는 새로운 인재를 영입해야 한다고 입을 모았다. 새로운 인물들이 전면에 나서 위기를 극복해야 한다는 것이다. 단순히 출신, 배경, 정치색을 떠나 국민이 원하는 정치를 이끌 수 있는 인물로 판단된다면 최선을 다해 모셔 와야 한다는 것이 국민의 생각이다.

새 인물들이 새누리당의 문제점을 면밀히 진단하고 강력한 혁신을 통해 국민의 정당으로 다시 태어나는 것이 새누리당의 남겨진 희망이자 국민의 바람이다.

"더민주당에서 이번에 김종인을 영입해 이긴 것처럼 새누리당에서도 참신한 인물을 영입해 새롭게 달라졌으면 좋겠습니다."

"참신한 인물을 영입해서 새로운 당으로 다시 태어났으면 좋겠습니다."

"새로운 정권을 만들 인물이 나와서 구심점이 됐으면 합니다."

"대통령도 마찬가지고 당도 마찬가지고, 문제가 되는 인물들은 싹 바뀌고 정말로 새로운 인물들이 나오길 바랍니다."

"당이 진심으로 바뀌고 국민을 위할 수 있는 인물이 정치를 한다면 새누리당에서 돌아섰던 사람들도 다시 바뀝니다. 야당·여당 구분 없이 누가 정말 능력이 있느냐의 문제로 봐야죠."

"야권을 조금 칭찬해 주자면 나름 참신한 인물을 영입한 부분이 그래도 좋게 보였죠."

"새누리당이 지금 당장 바꿔야 할 중요한 것 중의 하나는 인물이라고 봐요."

"참 보수, 참 자유가치를 회복하고 당의 정책과 철학에 부합하는 인물들로 알차게 당을 꾸린 다음, 왜 졌는가에 초점을 맞추지 말고 왜 '콘크리트' 지지층이 떠나갔나에 초점을 맞추면 답이 보일 겁니다."

"마음에 들지 않는 비제도권 인사를 모셔야 하는 방법이 필요할 수도 있습니다."

희망을 보여줘 ⑥

어떻게든 경제를 살려라

백서를 위해 국민 목소리를 수집하는 과정에서 국민은 먹고사는 문제를 가장 크게 호소했다. '먹고살기 힘들다'는 국민의 절절한 호소는 집권 여당에 가장 뼈아픈 질타다.

먹고사는 문제 즉, 민생은 정치의 존재 이유다. 이 문제를 해결하지 못하면 정권은 심판을 받게 된다. 국민은 경제만이라도 살려주면 새누리당을 다시 지지하겠다고까지 말했다. 그 해법이 무엇인지는 모르지만, 일단 경제를 살리고 그 혜택으로 국민의 삶을 좀 더 낫게 해주기를 바라고 있었다.

더 나은 경제를 바라는 국민의 소망은 거창하지 않았다. 지금의 일자리가 지켜지고, 사회에 첫발을 내딛는 청년에게도 능력을 발휘할 기회가 주어지고, 월급으로 주거비용을 감당할 수 있는 정도의 소박한 희망이었다.

새누리당은 국민의 이런 꿈을 지켜주어야 한다. 숫자만 증가하고 체감할 수 없는 성장이 아니라 국민 모두에게 온기가 전달되고 땀 흘린 만큼 결과를 얻을 수 있는 정의로운 경제를 만들어야 한다.

"여당이 경기 부양을 통해 서민경제에 신경을 썼더라면 총선 결과가 달라졌을 수도 있었겠죠."

"경제라도 살려줬으면 좋겠어요."

"정말 기적이 일어나 1년 동안 경제성장이 13% 정도 되면 새누리당 지지로 마음이 변할 수도 있어요."

"지금이 가장 어려운 타이밍인 것 같은데, 지금 잘해야 우리 자식들한테 좋은 사회를 물려줄 수 있지 않을까요."

"요즘 관심사는 경제예요. 잘살 수 있는 방법이 있으면 좋겠다란 생각을 하고 있습니다."

"부동산 대책도 매일 무언가 나오는데 근본적인 해결 방법을 제시해 줬으면 해요."

"회사 대표가 경영을 잘하면 회사 경제가 살아나듯 대통령이 국정 운영을 잘하면 경제든 뭐든 모든 게 다 살아나는 게 아닐까요."

희망을 보여줘 [7]

미래 비전을 보여줘

　　새누리당의 수많은 부정적 이미지에도 불구하고 국민이 지지를 보내
왔던 것은 새누리당이 가진 비전 제시와 문제 해결 능력에 대한 믿음 때문이
었다. 하지만 이번 총선 과정에서 새누리당은 당의 소중한 자산을 무너뜨렸
다. 갈등 해결 능력, 현실성 있는 공약 제시, 대한민국의 미래에 대한 설계 무
엇 하나 야당을 압도하는 점을 보여주지 못했다.

　　총선 슬로건으로 내세운 '뛰어라 국회야'도 상대를 비난하고 남 탓 하
는 네거티브 전략이었다는 것을 국민은 정확하게 간파하고 있었다. 그런 식
의 전략은 국민이 새누리당에 기대하는 것이 아니라고 했다.

　　새누리당의 부활은 기본으로 돌아갈 때 가능하다. 새누리당의 전통적
인 강점인 대안과 비전 제시 능력, 인기영합주의가 아닌 국민과 나라의 미래
에 대한 무한 책무의식이 그것이다. 더 늦기 전에 시대정신을 담은 미래 비전
을 만들어내야 한다. 그 비전을 바탕으로 모든 세대와 계층이 공감하는 구체
적이고 현실적인 대안들을 마련해야 한다. 이것이 기득권 정당의 오명을 벗
고 국민 모두의 새누리당으로 다시 태어나는 길이다.

"

"이제는 정당보다는 완벽하지 않더라도 어느 정도의 능력과 도덕성을 갖추고 비전을 보여 주는 후보를 선택하려고 해요."

"미래를 생각하면 '더 뭔가 나아지겠지' '잘하겠지'라는 생각이 들었으면 좋겠어요. 지금은 사실 희망이 없다고 봐요."

"보수당으로서 확실하게 중심을 지켰으면 좋겠어요. 어설프게 진보 흉내 내지 말고요. 지키지도 못하고 말도 안 되는 퍼주는 정책 말고 진짜 미래를 보고 지킬 수 있는 정책도 마련하고요."

"단순히 눈 가리고 아웅 하는 정책이 아니라 시간이 좀 걸리더라도 미래를 보고 근본적으로 해결해 나갈 수 있는 비전이 나왔으면 좋겠어요."

"당 차원의 여러 수단을 통해 공허한 울림이 아닌 제대로 된 공약과 비전을 갖춘 환골탈태한 정당이 되기를 진심으로 기원해요."

"국민이 보수 정당에 바라는 건 선별적 복지, 한민족, 대북강경 그리고 확고한 경제관입니다."

"새누리당의 변화를 간절히 기다리고 있는 국민의 마음이 언제까지고 마냥 기다려주지만은 않을 거라는 걸 잊지 말아 주세요."

"새누리당의 정체성이 보수라면 진정한 보수의 가치를 이뤄가는 모습 좀 보여 주세요. 국가의 안정을 위해 최저생활을 보장하고, 복지를 통해 사회질서를 구현하는 것 말이에요."

"

국민백서

초판   1쇄 발행 2016년 7월 18일

저자   새누리당
주소   우)07237 서울특별시 영등포구 국회대로70길 18 한양빌딩
전화   02-3786-3000
홈페이지 www.saenuriparty.kr
페이스북 www.facebook.com/saenuridang

발행처   예스위캔
출판등록 2008년 11월 20일 (제 2008-000202호)
인쇄   삼화인쇄

이 책에 실린 내용은 발행처의 의견과는 무관함을 알려드립니다.

ISBN 978-89-94463-10-0
값 15,000원